日韓記者・市民セミナー　ブックレット10

# ヘイト・差別の無い社会をめざして
## 映像、人権、奨学からの取り組み

＊目次＊

# はじめに

日韓記者・市民セミナー　ブックレット第10号は、「ヘイト・差別の無い社会をめざして――映像、人権、奨学からの取り組み――」をテーマにしました。

ヘイトスピーチはレイシストらが主に在日をターゲットに罵詈雑言をまき散らし、彼らの言動がエスカレートしていった二〇一三年の「流行語大賞」トップテンにランクインした言葉です。その時代の世相を反映する新しい言葉として社会に流通・定着する一方で、差別される側の痛みはなかなか共有されなかったあの時代の狂気から今年で一〇年。在日を取り巻く社会は少しずつ変化してきました。

「人種差別禁止法をつくるよう」国連の人種差別撤廃委員会から再三にわたって勧告されながら、「日本には大した差別はないから法制定の必要はない」と突っぱねてきた日本政府でしたが、二〇一六年になってようやくヘイトスピーチ解消法を制定しました。

罰則を伴わない理念法とはいえ、外国にルーツがあることを理由に地域社会（ひいては日本という国）から排除しようとするヘイトスピーチを差別であると認定したことは、差別に抗い、声を上げ続けてきた運動の成果です。法制化によって白昼堂々とヘイトデモが繰り返される醜悪な事態は少なくなりました。

しかし、ヘイト根絶にはいまだ道半ばです。

戦中、戦後と日本で生きなければならなかったハルモニ（おばあさん）たちに向かって、彼女らのたどってきた歴史を知らない若くて無知な日本人レイシストらが「国に帰れ」「朝鮮人死ね」と繰り返します。

不条理に立ち向かうハルモニの闘う姿を映像に収める金聖雄さんは「川崎・桜本で歴史の渦に巻き込まれたハルモニたちが一生懸命生きている。彼女らの豊かな老いと差別と闘い続けてきた延長線上にある今のヘイトを歴史の物語として撮り続ける」と語ります。

師岡康子さんは「ヘイトスピーチ、ヘイトクライムを放置すれば差別と暴力が蔓延して社会を壊す」「特定の属性の人たちを差別し、暴力を振るう、それが何かのきっかけでジェノサイド（集団抹殺）に繋がる」と警鐘を鳴らします。

権清志さんは朝鮮奨学会が実施した差別実態調査から「レイシズムによって同胞子弟の民族的アイデンティティが揺らぎ、自己否定につながる事実を看過できない。マイノリティの当事者として声を上げなければならない。マジョリティの日本人サイドもこの問題をどうとらえていくか考えてほしい」と問題提起しています。

今年九月は関東大震災朝鮮人虐殺から百年の節目です。ヘイトクライム、ジェノサイドの原点とも言うべき歴史の事実を虐殺の数に難癖をつけ、都知事の追悼文を取り下げさせることに成功した恥知らずな歴史修正主義者らとの攻防は今後も続くでしょう。日本の品位を自ら貶めている自称「愛国者」の彼らに次のメッセージを送りたいと思います。

「過去に目を閉ざす者は現在にも盲目になる。非人間的な行為を心に刻もうとしない者は、またそうした危険に陥りやすい」（ドイツ・ワイツゼッカー元大統領の一九八五年敗戦四〇年演説）。

二〇二三年一月一二日

一般社団法人ＫＪプロジェクト代表　裵哲恩（ペー・チョルン）

# 第1講　絶望から希望を見出す
## ——川崎桜本をめぐる　ふたつの物語

金　聖雄——映画監督

今日は、僕自身が制作に関わっている「さくらもと」という名のプロジェクトについてお話ししたいと思います。そこで『川崎桜本をめぐる　ふたつの物語』を今、絶賛編集中ですが、撮影も含めて、これは「順調に」遅れていまして、「夏公開」をうたっていますが正直それは難しいと思っているところです。およそ五〇〇時間の上映素材があり、悶々としながら編集を重ねている状況です。

プロジェクトは去年の一〇月に立ち上げました。どうしてこのプロジェクトにたどり着いたかということを含めて、その経緯をお話ししたいと思います。

## ＊鶴橋生まれの鶴橋育ち

まずは簡単に自己紹介です。写真などを見ながら話したいと思っております。

僕は一九六三年の生まれです。現在五九歳で、来年、まさかの還暦です。大阪の鶴橋というところで生まれ育ちました。でも東京に住まいを移して、もうこちらの方が長くなりました。

久しぶりに大阪に帰ると本当にびっくりします。学生時代の鶴橋は、そこには立ち入ってはいけないみたいな、そんな空気がありました。ところが今や、鶴橋の商店街から御幸森にコリアンタウンという所があって、韓流ショップとかいろんなものができていて、そこに驚くほど人がたくさん押し寄せています。

六人兄弟の末っ子で、アボジは光州《クワンジュ》の出身で、オモニは済州島《チェジュ》の出身です。アボジはアボジで光州で結婚して一人子供をもうけ、オモニはオモニで済州島で結婚して一人子供をもうけていましたが、その家族を置いて戦後日本に渡ってきて、日本で出会ってしまったという感じです。お互い、駆け落ちのような形で日本に住むようになって、その二人の両親から四人子供が生まれ、合わせて六人という、そんな家族構成です。

生まれ育った鶴橋は、ご存知の通り特殊な場所といいますか、在日コリアン・朝鮮人が非常に多い場所でした。日本の公立小学校でも、同級生の七割近くが在日という感じでした。本当にマイノリティといえるのか、むしろ朝鮮人の方が偉そうにしているような、そんなところで生まれ育ちました。

僕の学生時代は一九八〇年代ですが、民族のアイデンティティを取り戻すために朝鮮のお祭りが始まったり、外国人登録法の問題や、指紋押捺拒否の運動が盛んでした。同級生や先輩たちは、まさにこの指紋の運動に関わっていきました。

しかし私は軟派な路線を行ったといいますか、もちろん指紋のことや、民族差別は気にはなっていましたが、やっぱり「健全な」学生としてはロックにサーフィンだろうと、少し「在日」というのを遠ざけながら過ごしてきたのが本音のところです。

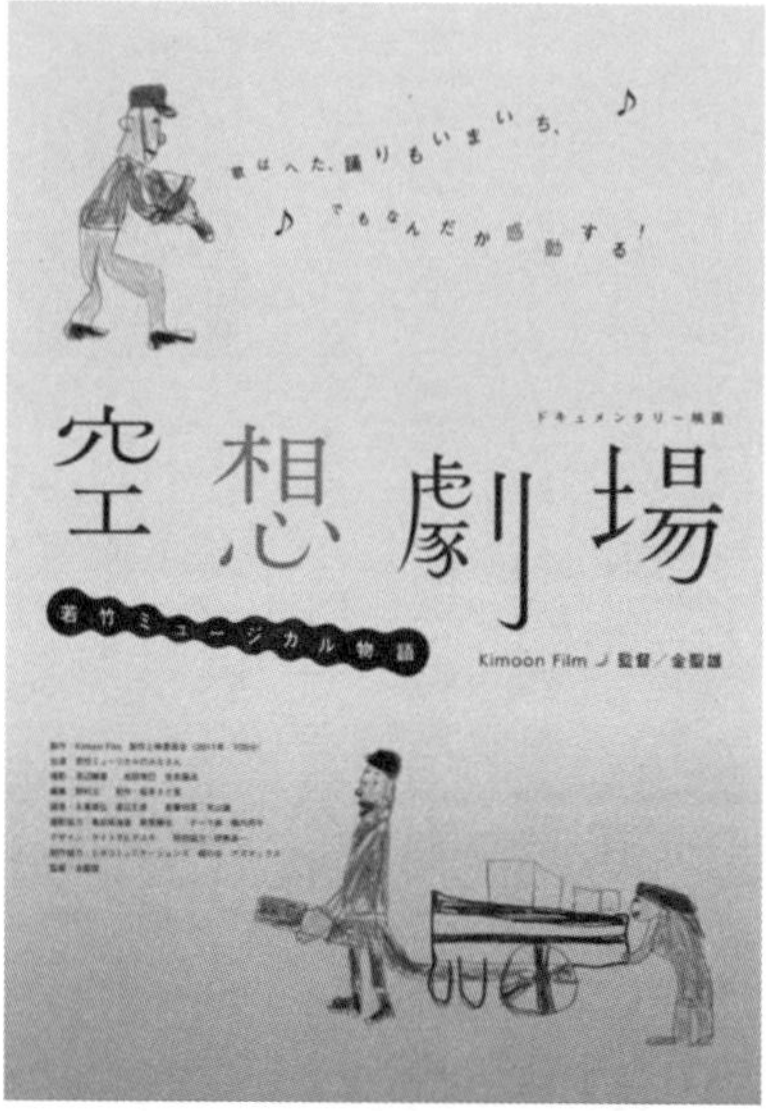

そのあとも、いろいろありましたが、何の因果か映画・映像の世界に身を寄せることになりました。映画がすごくやりたかったわけじゃないんですけど、東京に出てきて出会いの中で、映画を志すようになりました。

最初は企業のPRというか、例えば日通のトラックとかのマニュアルビデオを作ったりして、むしろ在日とは関係のないところで、職業として映像の仕事をやっていました。

テレビの番組もやりましたが、二〇〇四年ですから四〇歳ぐらいのときに、せっかくこの世界に入ったんだから自分のやりたいことをやってみようと思って、初めて自分で作った映画が『花はんめ』でした。これが今回の映画に繋がるのですが、一九九九年に撮影を始めて二二年間ぼちぼちと撮ってきたものを、今回、「ふたつの物語」にしていこうと、そんな思いでいます。

二作目の『空想劇場』は二〇一〇年に作りました。障害がある特別支援学校の子供たちが卒業した後、自分たちの居場所づくりとしてミュージカルを制作しようという、非常にゆっくりではありますが、あの『屋根の上のバイオリン弾き』とかのスタンダードナンバーを、わりと本格的にミュージカルとして作り上げていく過程を映画にしたものです。

## ＊狭山から『獄友《ごくとも》』に至る冤罪事件

そして二〇一三年に『ＳＡＹＡＭＡみえない手錠をはずすまで』を作りました。これはちょうど僕が生まれた一九六三年に、埼玉県狭山市で起こった狭山事件をテーマにしたものです。石川一雄さんが犯人に仕立て上げられていく過程に部落差別があって、ひょんなことから彼の映画をつくることになりました。

作品はみんないい映画だと思っていますが、この映画はこれまでで一番評価されて、毎日映画コンクールのドキュメンタリー賞をもらって、石川一雄さんと妻の早智子（さちこ）さんとレッドカーペットみたいな所を一緒に歩いたりした思い出深い作品です。

そこから冤罪に関わる作品が続きます。そういうつもりはなかったんですけど、なぜか出会い

の中でそれが続きました。
　死刑囚の袴田巖さんが、二〇一四年に再審が開始されて釈放されました。四八年ぶりに釈放されてきた彼の様子を一年半追いかけて映画にしました。『袴田巖　夢の間の世の中』です。
　そのあとも、なかなか冤罪から離れられないんです。「獄友」というか素敵な仲間たちがいたんです。石川一雄さんと袴田さんは東京拘置所で六年間、死刑囚としてすぐ隣の房にいました。布川事件の杉山卓男さん、桜井昌司さん、足利事件の菅家利和さん、皆さん聞いたことのある名前かと思いますけど、彼らは石川一雄さんを含めて千葉刑務所の同窓生というか、ちょうど同じ時期に無期懲役の仲間として、刑務所でずっと冤罪を訴えていました。そんな仲間たちの娑婆での再会といいますか、それぞれを追いかけた作品、『獄友《ごくとも》』を二〇一六年に作りました。

実はつい最近できたのが、『オレの記念日』というもので、布川事件の桜井さんの映画です。

彼は冤罪が晴れるわけですけども、そのあと国家賠償裁判にも勝っていく。そして二〇一九年に癌を患いました。「ステージ４」で、もう手術もできないという状況ですが、それでも明るく癌を受け止めて、まっすぐ生きていく姿に、僕自身、非常に感銘を受けて、ついつい映画をつくったというのが実際のところです。

## ＊『花はんめ』から『ふたつの物語』へ

プロジェクト
さくらもと
始動！
川崎桜本をめぐる、ふたつの物語
物語Ⅰ「たんぽぽとマヌル」
物語Ⅱ「ヘイトとの闘い」

そしてようやく、遅れに遅れていますが、「さくらもと」を始動したんです。どうしてこの映画を今撮ろうと思ったか、それもふたつの物語としてやろうと考えたか…。あとで予告編を見ていただきますけど、『花はんめ』は在日一世のハルモニたちの、何ていいますか、チャーミングな部分を前面に押し出した作品なんです。それと川崎の同じ場所で起きているヘイトがどうやっても映像として一つの中に収めきれないという思いが強くて、二つに分けて、二つの作品をつくろうと決めました。

そこにたどり着く前に少しだけ…。映画を作ること自体も非常に大変ですが、まずお金がかかります。「金くん一億あげるから映画を作りなさい」なんて言ってくれるような人は、どこにもいません。自分でせっせとお金を集めて作りたい映画をつくるというのが現状です。

　職業として映像をやってきたと言いましたが、実はその最初の段階では、やっぱり在日について、僕なりにやっぱり悶々とした思いをずっと抱えていたんです。それは何だろうと思いながら、この映像の世界に入ったわけです。そして実際職業としてやってみると、やっぱり在日を表現するのは非常に面倒で大変なことだと思いました。すごく重くて、在日に関わる映画を、自分でやろうとは思って来なかったんです。

　ところが、そこへとぐっと引き戻されたのが、呉徳洙（オ・ドクス）監督の『在日』という映画でした。一九九五年が戦後五〇年で、それを機に在日の目線から見た戦後の五〇年史を語る映画をつくる。監督はもう亡くなられましたが僕の師匠的な存在です。僕は助監督として関わりました。

　呉さんは、非常に映画監督然としていたというか、本当の活動屋です。今ならパワハラじゃないか（笑）と思うほど師弟関係に厳しい方でした。『在日』のスタートの頃、僕はもう自分で演出をやり始めていたので、話が来たときには非常に悩みました。でも、自分自身やっぱり在日だということを、映像を通した歴史として自分の中にもきちっと落とし込み、自分の肉にしておかないといけないと思いました。この後も映像を作っていくには、やっぱり避けて通れないだろうというふうな思いがありました。

一年ぐらいで終わるのではないかと思っていましたが、とんでもない話で、結局四年間かかりました。当時としては破格といいますか、まあ普通映画はこれぐらいかかるんですけども、五千万円ぐらい集めました。そのうちの大きい部分は、民団の青年商工人連合会というグループが集めてきました。僕の映画とは全然違ってですね、戦後五〇年に向けて、みんなで在日の歴史をきちっと残していこうという、そんな思いでつくられました。

五分ぐらいの予告編があるので、どんな映画か見ていただければと思います。

もうひとつ、映画『在日』は四年かけて一九九八年にできあがりましたが、僕はその後一九九九年から『花はんめ』を撮り始めました。その予告を見てもらって、そのあとにその辺の話をしたいと思います。

＊『在日』予告編を上映――

＊『花はんめ』予告編を上映――

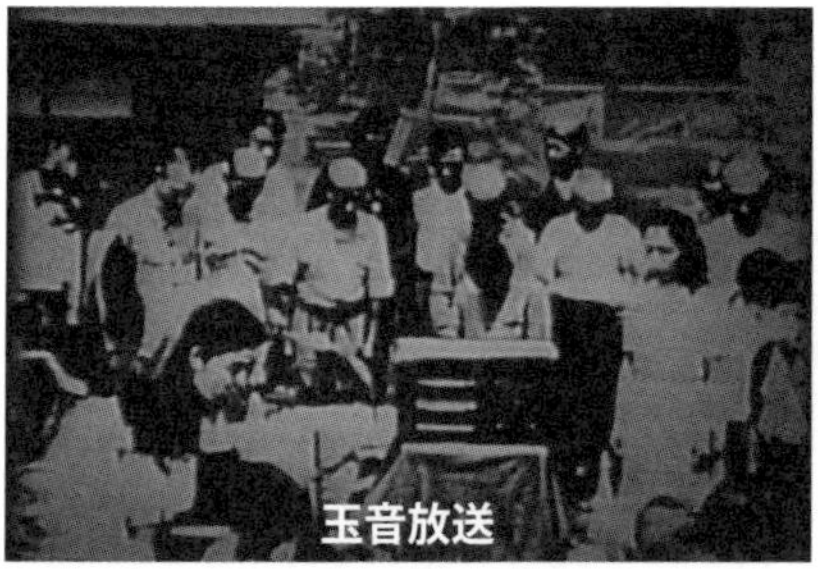
玉音放送

解放から50年――。半世紀に及ぶ在日の軌跡を「在日」の視点からつづる一大歴史叙事詩
記録映画◆戦後在日五〇年史
[在日]
歴史篇／人物篇
The Story of Koreans in Postwar Japan
재일
DVD

解放を喜ぶソウルの市民

KOREAN ASSOCIATION
IN JAPAN
朴烈釈放陳情デモ（1945.10.15）

呉徳洙（映画監督）

解放後、在日の人々は祖国を
めざして港に集結した

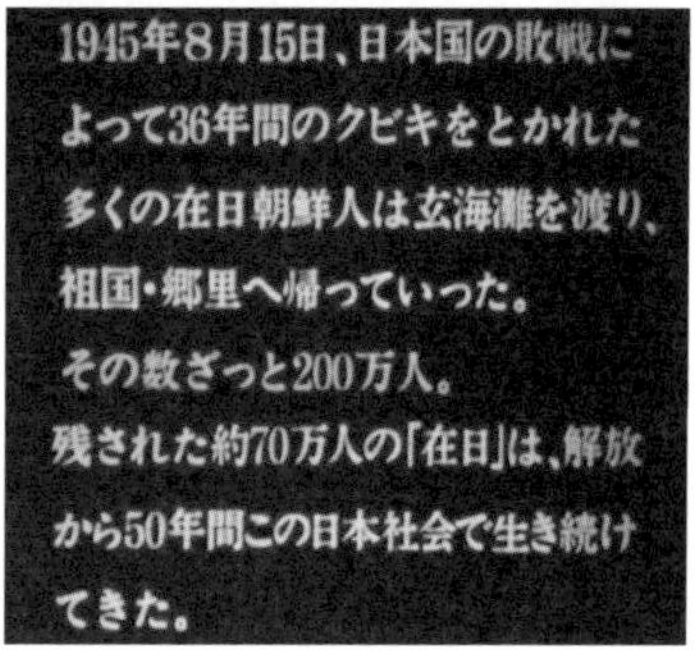
1945年8月15日、日本国の敗戦に
よって36年間のクビキをとかれた
多くの在日朝鮮人は玄海灘を渡り、
祖国・郷里へ帰っていった。
その数ざっと200万人。
残された約70万人の「在日」は、解放
から50年間この日本社会で生き続け
てきた。

民族教育

その一方、在日朝鮮人連盟（朝連）、朝鮮
建国促進青年同盟（建青）、新朝鮮建設
同盟（建同）などが組織されていった。

そんな中、1948年4月24日
「阪神教育事件」が起こった。

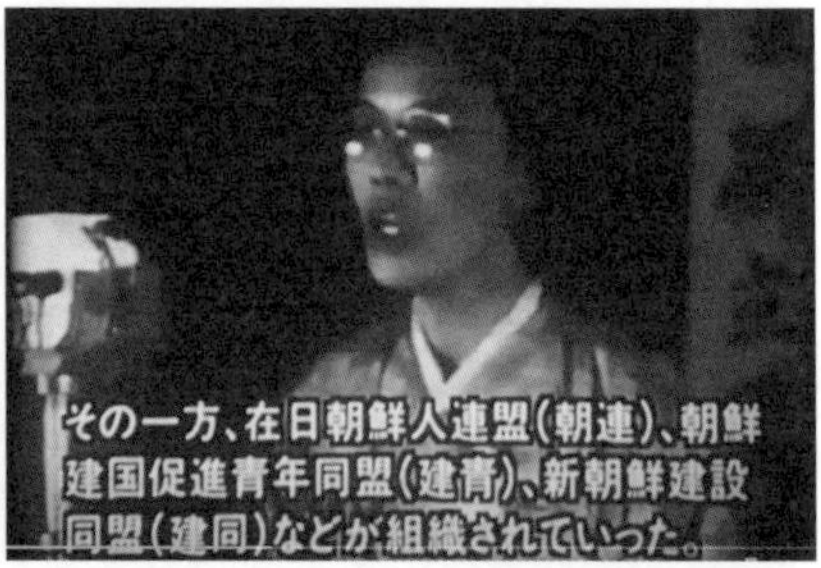
その一方、在日朝鮮人連盟（朝連）、朝鮮
建国促進青年同盟（建青）、新朝鮮建設
同盟（建同）などが組織されていった。

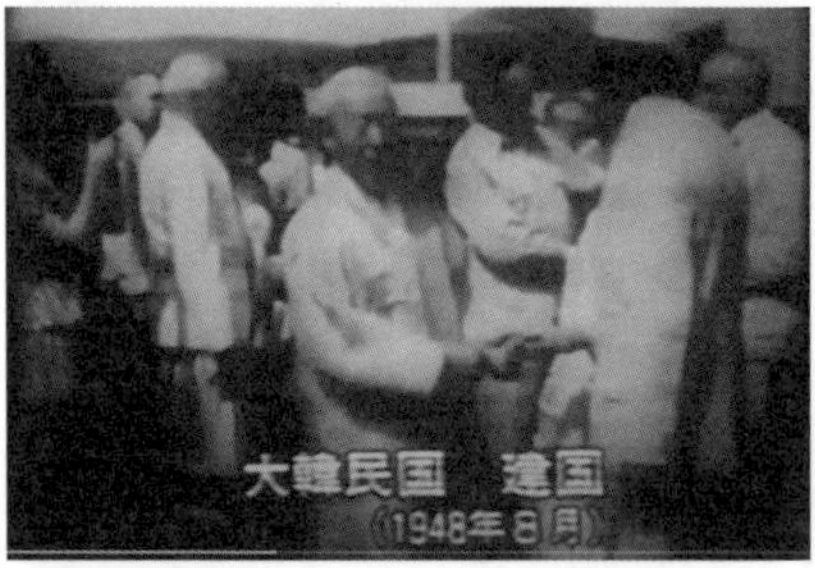
大韓民国　建国
（1948年8月）

その一方、在日朝鮮人連盟（朝連）、朝鮮
建国促進青年同盟（建青）、新朝鮮建設
同盟（建同）などが組織されていった。

朝鮮民主主義人民共和国　建国
（1948年9月）

1948年、米軍政部によって朝鮮人学校が
次々に閉鎖命令の弾圧を受けた。

1959年12月、共和国への「帰国事業」が始まる
現在その数は十万人という。しかし

朝鮮戦争勃発
（1950年6月25日）

1980年代、指紋闘争に代表される
「在日世代」の台頭が始まった。

在日朝鮮統一
1955年5月、在日朝鮮統一民主戦線（民戦）解散
そして、在日朝鮮人総聯合会（朝鮮総聯）結成

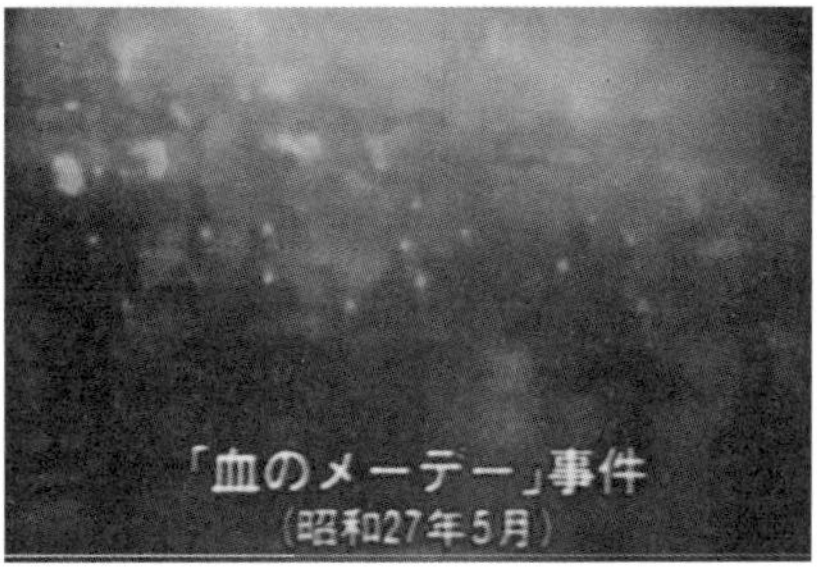
「血のメーデー」事件
（昭和27年5月）

花はんめ

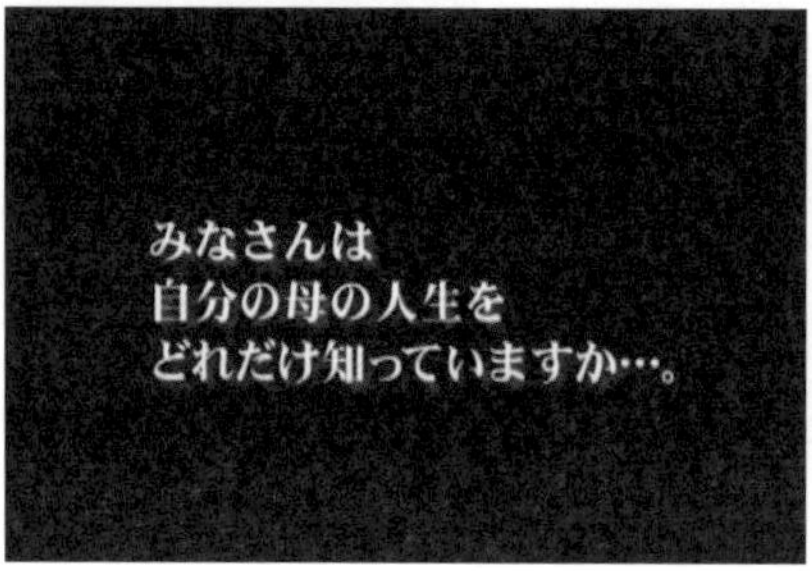
みなさんは
自分の母の人生を
どれだけ知っていますか…。

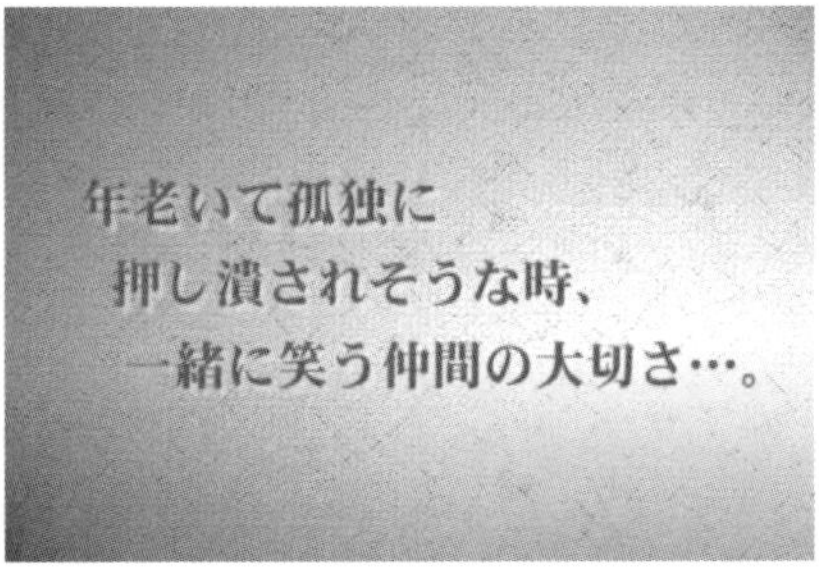
年老いて孤独に
押し潰されそうな時、
一緒に笑う仲間の大切さ…。

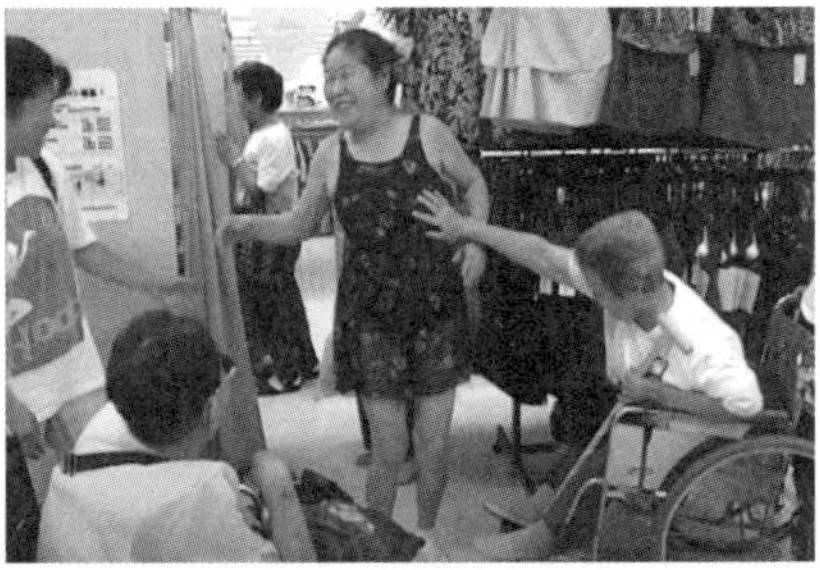

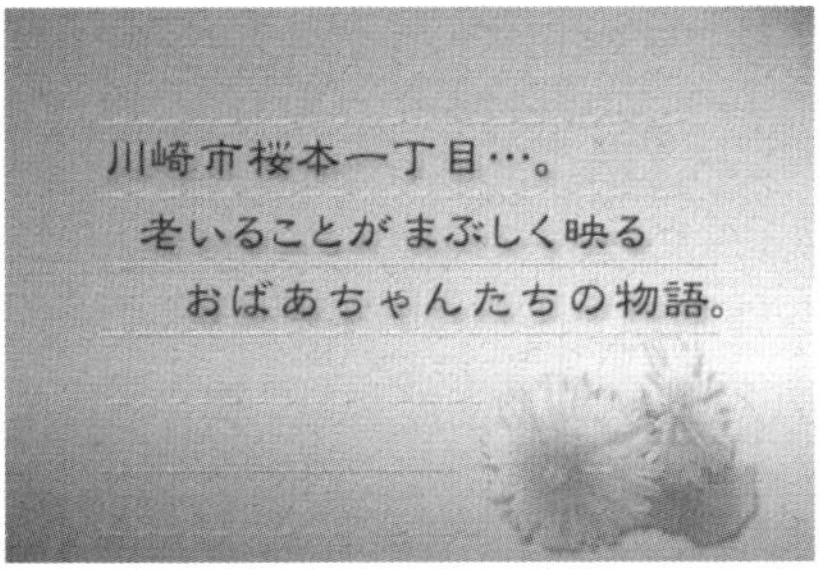
川崎市桜本一丁目…。
老いることがまぶしく映る
おばあちゃんたちの物語。

本当にすごく大変な思いをして『在日』という映画が出来上がりましたが、三〇万人ぐらいが観賞したと言われています。普通ドキュメンタリーは一万人に観られればヒットですけど、僕自身の体験としても素晴らしかったです。

## ＊オモニの死とハルモニたちとの出会い

その一方で、一九九九年に僕のオモニが七七歳で亡くなりました。やっぱり思いのほか僕自身、オモニに対して、アボジに対してもそうですけど、在日の歴史を映画に関わることで少しは知ってきましたが、でもオモニ、アボジのこと、自分のルーツのことをどれだけ聴いてきただろうかというと、聴けずじまいのままオモニが亡くなったわけです。ちょうどその頃に、川崎のハルモニたちに出会いました。

出会ったときは、ちょっとびっくりしたんです。とにかくパワフルで、毎週ずっと川崎の「ふれあい館」という所に通いました。ハルモニたちは読み書きができないので、せめて名前を書こうというところからスタートしたそうです。それを続けていくうちに何とか書けるようになり、やっぱり集まって歌を歌ったりする、そういう場所をつくろうじゃないかとなりました。「トラヂの会」というのが結成されたんです。とにかくハルモニたちは毎週水曜日に集まって、歌を歌って、美味しい朝鮮料理を食べます。ただ集まるという場所なんですけど、そこをずっと撮影することになりました。

映画『在日』は四時間二〇分の映画で、在日の目線で在日の歴史を真正面から語ったわけですけど、僕が初めてつくる映画はどうなんだろうと考えました。在日の映画というと、必ず日帝三六年から始まって、その植民地支配が終わり、一九四五年に解放されて、残った在日たちが苦労に苦労を重ねて生きてきた。そういう描き方はもういいんじゃないかと、僕自身思ったんです。撮影の間、その歴史に触れないってことではないんですけど、ハルモニたちに過去の話、しんどい話は聞かないでおこうという思いで挑みました。

むしろ、本当に底抜けに元気だったハルモニたちの今だとか、夢だとかを追いました。「何が夢だ」っていうんですけど、そういうものを聞いてみたという思いで作りました。

これはこれで僕自身、本当に貴重な体験で、こういったハルモニたちがプールに入ったりするんですけど、貴重な映画ができたなと自負しています。

ただ、あれから二〇年近く経った中で、あんなに意固地にならずに、もっとハルモニたちの苦労の話や、戦争の話をじっくりと聴いておけばよかったという思いが残っていました。

それで映画が出来たあとも、例えばハルモニたちが沖縄のおばあたちと交流したり、ガマに行ったり、朝鮮人の慰霊碑の前に行ったりした旅も一緒にしました。広島の朝鮮人被爆者の人たちと交流したり、神戸の長田に行って同じ時代を生きたハルモニたちと交流したりしました。不思議と女性ばかりでしたが、ちょこちょこ撮影を続けました。

## ＊ハルモニたちの八〇〇メートルデモ行進

二〇一五年にハルモニたちの八〇〇メートルデモが川崎の桜本で行われます。当時は安保法制案が決まるかどうかという時期で、国会前に本当に連日一〇万人と言われるぐらいの人たちが毎日押し寄せました。それを見たハルモニたちが、自分たちも国会前に行きたいと、おっしゃいました。でも国会前にみんなで行くことはなかなか難しいので、じゃあ桜本でデモをしようということになって、戦争反対の八〇〇メートルデモが行われました。

それなら行かなくちゃあと思って、僕らも撮影に向かいました。「せんそうはんたい」という文字を自分たちで書いて、なかなか素敵なデモでした。ハルモニたちが先頭に立って、シュプレヒコールも含めてハルモニたちが声を上げて、その後に若者たちがついていくという、非常にほのぼのとしたデモだったんです。その二週間後ぐらいの九月一九日、安保法案が強行採決され、さらに嫌がらせのように桜本にヘイトの予告があって、一一月八日にヘイトデモが行われるということが起きたんです。

僕はもちろんヘイトのことには心が締めつけられるような思いがありました。「ヘイトを映像にしないの？」と言われることも多々ありましたが、ヘイトはとんでもないということぐらいは言えるけど、それ以上に映像表現として作ることは、僕にはやっぱりできないなという思いがずっとあったんです。

ヘイトデモを映像的に見れば、なんか激しくデモしてワーッとなっている場面です。この日もそうでしたけど、たった二〇人くらいのヘイターたちを、一〇〇人、二〇〇人以上の警察官が守り、さらにその周りにカウンターが集まって進んでいく。デモというものは、映像的にはニュースとかにはいいでしょうが、一回撮ると僕らもしんどくなってしまう。もちろん報道なら、それを伝える意味があるでしょうけど、映画という形にして何ができるんだろうという思いがずっとありました。ただ、やっぱり僕がこだわって撮っていた川崎のハルモニたちのデモの後に、嫌がらせのように桜本でヘイトが行われる、これはやっぱり行かなきゃダメだと思って、この日撮影に行ってきました。

本当にしんどかったですね。これはあとで映像を見てもらいますけど、もういいやっていう思いがその時もありました。もう二度とヘイトのデモなんて撮りに行かないっていう気持ちがありました。その時点ではまだ、今回のふたつの物語をつくろうというところまでは全然思ってなくて、ただ撮影に出かけたっていうことだったんです。

## ＊立ち上がる人々

ただそのヘイトデモがきっかけで、多くの市民が、ハルモニたちの住む町の日常が脅《おびや》かされる事態を何とかしないといけないということで立ち上がりました。急速に運動が進み、二〇一六年六月に「ヘイトスピーチ解消法」ができます。

一つひとつ運動を続けて、二〇二〇年七月には川崎で罰金付きの差別禁止条例が施行されたりして、運動としては進んでいったんです。

それで時々、川崎には出掛けましたが、まだその時にはふたつの物語にするつもりはなくて、『花はんめ』の続編というか、ハルモニたちの豊かな老いというものが、作れればいいなというふうに思っていました。

でもやっぱり通う中で、逃げていたわけじゃないんですけど、僕自身ふと、なんかやっぱ向き合わなきゃいけないという、そんな思いが湧き上がってきたということです。

法律ができて、その後デモはできなくなりましたが、「街宣」はずっと続きました。これもずっと撮影しましたが、たった一〇人、二〇人のヘイターたちは何なんだろうなって、本当に今でもよくわからないところです。

## ＊ハルモニたちの豊かな老後と醜いヘイト

ただ一方で、時代に翻弄されながら、この日本で生きなければならなかったハルモニたちが、今になって「国へ帰れ」「朝鮮人死ね」と平気で言う人たちに立ち向かっていく姿を目の当たりにしたわけです。

ヘイトはいろんな所で行われていますが、僕がずっとこだわり続けた川崎の桜本で、歴史の渦に巻き込まれた後のハルモニたちが一生懸命生きる豊かな老いというものがあって、もう一方では本当に醜いヘイトがある。

そのヘイトだけで言うと、今始まったように思われるかもしれないけれど、ずっと差別と闘い続けてきたわけです。就職差別、結婚差別、いろんなことと闘い続けた延長線上にヘイトがあった。それは一つのあり方として、民族差別との闘いの歴史をもう一つの物語として描くことで、同じ場所で起きているこのふたつの物語を紡ぐことで、何か見えてくるものがあるんじゃないかと、そんなふうに感じて映画づくりを始めました。

僕は本当にハルモニたちが好きで、『花はんめ』のときのハルモニたちはほとんど亡くなって、次の世代に移っていますが、こうやって今、ハルモニたちとの話を聞きながら、悶々と編集を続けているっていうそんな段階です。

この後一〇分ぐらい、今回のハルモニたちの映像を見ていただきます。二〇一五年ぐらいの映像ですけど、一世のハルモニたちは、ああやって踊って歌うことがもうほとんどできないような現状です。まさに、戦争を語れる最後のハルモニたちです。力を振り絞って、なんとかいい記録を残したいと思っています。それで質疑応答に移れればと思います。どうもありがとうございました。

＊「さくらもと」映像上映——

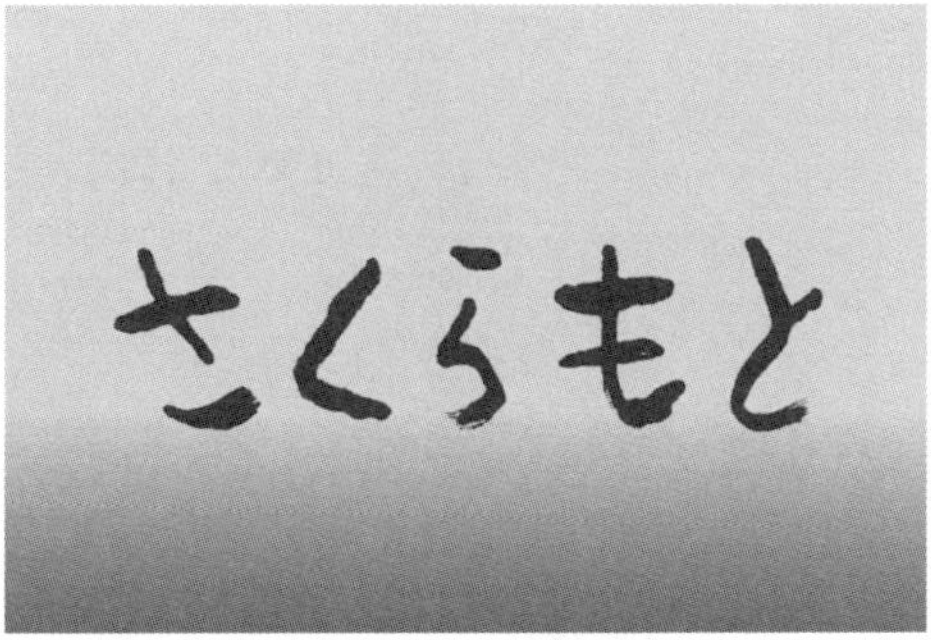
さくらもと

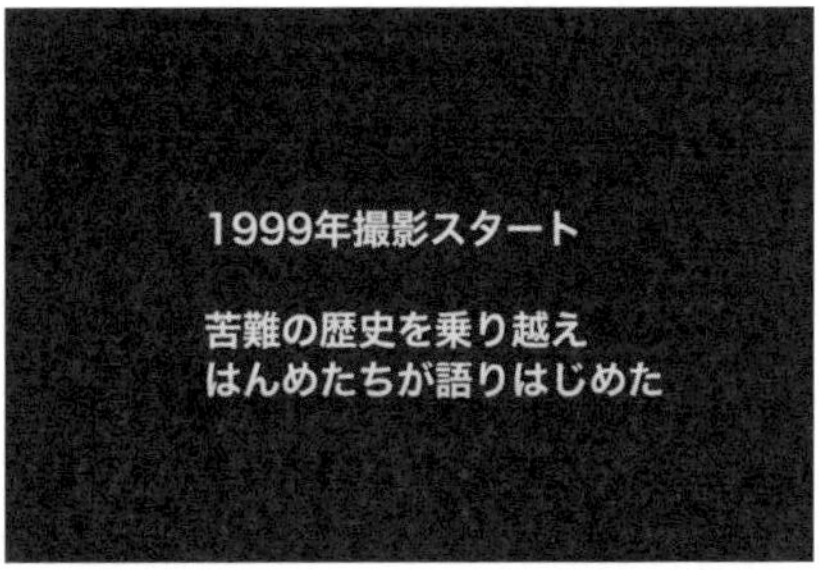
1999年撮影スタート
苦難の歴史を乗り越え
はんめたちが語りはじめた

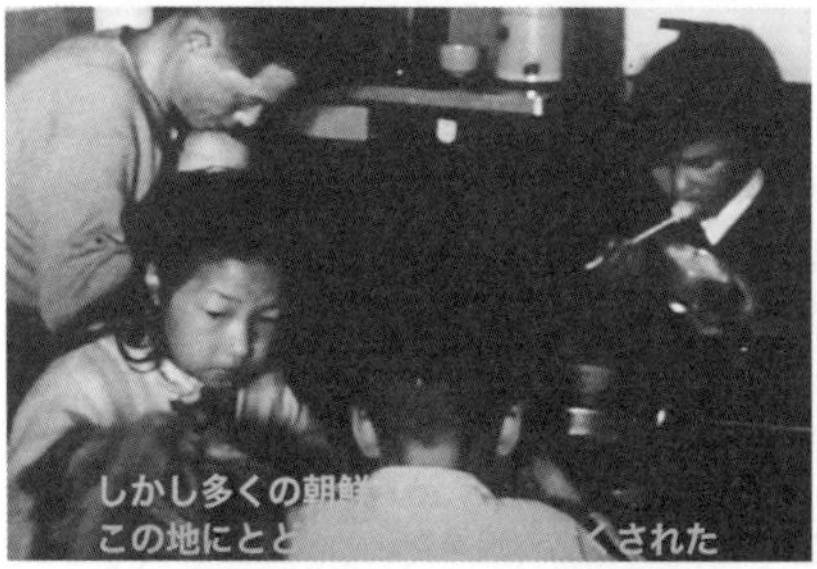

桜本をターゲットにしたヘイトデモ

しかし多くの朝鮮
この地にと
くされた

戦後76年たった今も差別との闘いはつづく

川崎桜本をめぐるふたつの物語

あれから20年
何が変わって
何が変わらないのだろうか

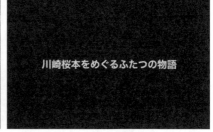

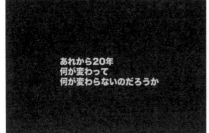

日本による朝鮮の植民地支配の中
多くの朝鮮人が川崎で暮らすようになった

せんそうはぜったいだめ!!
[redacted] 도라지会

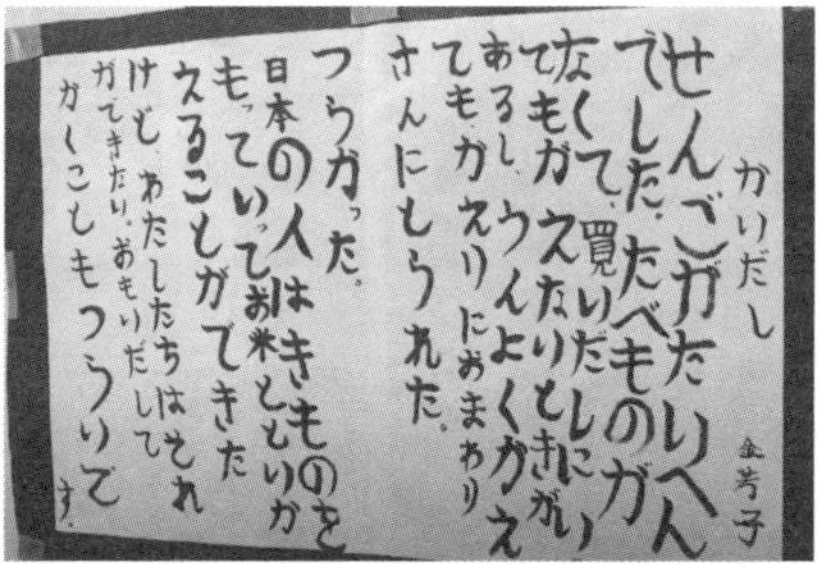
かりだし
金芳子
でした。たべものが
なくて、買いだしに
あるし、うんよくかえ
つらかった。
日本の人はきものを
えることができた
かくこともつらいです。

戦争反対!!!

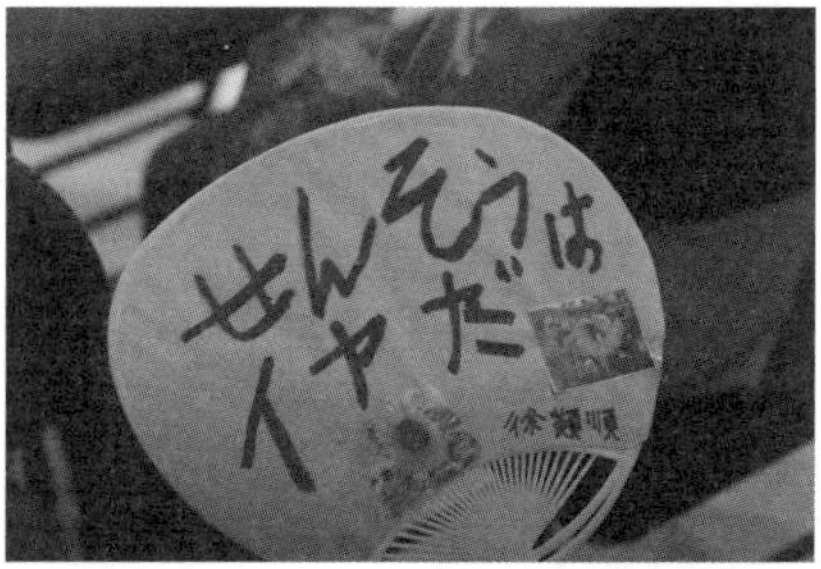
せんそうは
イヤだ

２週間後の2015年 9月19日
安保法案が強行採決

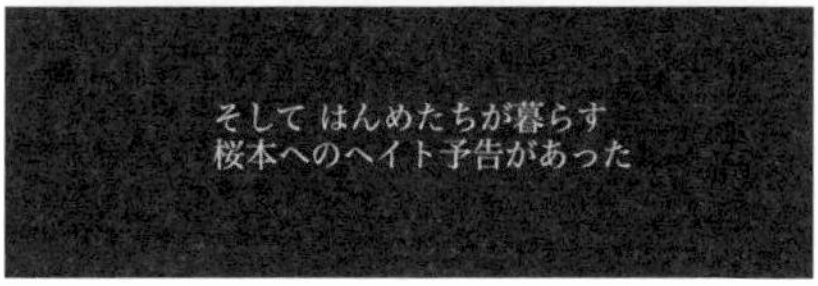
そして はんめたちが暮らす
桜本へのヘイト予告があった

ヘイト反対の声をあげる人たちの力で
桜本へのヘイトデモは阻止することができた

この日 安保法制案に反対して
はんめたちが声をあげた

2016年6月
ヘイトスピーチ解消法施行
2020年7月
川崎市で差別禁止条例施行

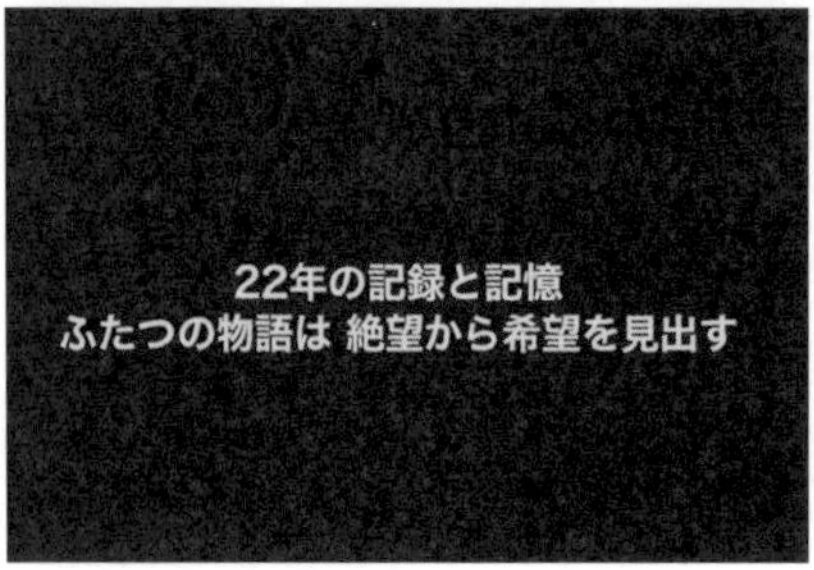
22年の記録と記憶
ふたつの物語は 絶望から希望を見出す

年老いてようやく手に入れた自由な時間を
はんめたちはここ桜本で暮らした

ただ歌って 踊って 笑って

〔質疑応答〕

（Q）民団新聞で記者をやっている者です。監督は編集が大変だとおっしゃいましたが、質問はどのくらいの分量を撮って、そのうち何を活かして何を捨てる、その判断基準はどこに置いているのか、その二つをお伺いします。

（A）まさにそのことで悩んでいる最中です。分量で言うと、この間ざっと勘定してみたら、一九九九年からの映像ですから、五〇〇時間はあるかと思っています。苦労話は聞いてないと言いましたけど、やっぱりハルモニたちは勝手に喋りだすんです。

かつて撮った映像を見てみると、いろんなことを語っていました。炭鉱の話だとか、統一についての思いだとか、帰還問題だとか、自分たちが受けてきた差別のこととか、いろんなことを喋っていました。

なぜ在日が在日しているかということはほとんど描いてないんですけど、今回はきっちりと、歴史的な部分も丁寧に拾い上げながら、古いフィルムを使って紐解きながらハルモニたちの証言を映画にしようと思っています。

『花はんめ』のときのハルモニたちはほとんど亡くなっているんです。今のハルモニたちの新たな言葉を含めて、ある種、『花はんめ』でやり残したことといいますか、ハルモニたちの一人一人の戦争に対する思いみたいなものを綴っていければなと思っています。

ただ、それぞれ一人のハルモニで一本できるくらいの分量なんです。誰か一人だけとはならないので、そこが一番悩ましいところです。あとは、年々ハルモニたちが衰えていて、今は歩くのがやっとという感じです。これまで積み重ねてきたハルモニたちの作文や絵もたくさん残っているので、それらの作品も一緒に合わせて描いていければいいなと思っています。

もう一つ、やっぱりただ過去の話ではなくて、どうやって今の話に、これから先に繋げていくのかというところは非常に悩んでいるところです。

（Q）司会の私からお聞きします。『花はんめ』で描かれていた「はんめ」（在日のおばあちゃん）たちは一世でしょう。それから二〇年経って、今映っていた人たちも一世ですか？

（A）一世もいるし二世もいます。あるいは、沖縄出身のペルーの方がいたり、様々な人たちです。『花はんめ』のときはわりと括れたんですけども、今はもうそういう括り方がなかなかできないという状況です。

（Q）桜本の地域も多様化してきたということですか？

（A）そうです。だから明らかに違うのは、「花はんめ」のときのハルモニたちはほとんど読み書きができませんでした。教育を受けていない世代がほとんどだったんです。

今のハルモニたちは、読み書きがなんとかできるというような状況です。中にはすごい教育を受けて博識な方もいらっしゃるし、すごく差が広いです。

（Q）そのハルモニたちが定期的に集まって、歌って踊って語ってというような場は、桜本以外に神奈川県下の、例えば横浜にあったりとかしますか？

（A）横浜はあんまり聞かないですね。神奈川ではやっぱり桜本じゃないですかね。あと大阪の生野区とか神戸とか。でもやっぱり桜本が一番早かったと思います。それぞれの地域で、そういうハルモニたちが集まる場が、少しずつできてきたと思います。形はさまざま違うと思います。

（Q）それぞれの地域のそういう集まりが、地域の日本社会で溶け込んで、うまく共生しているのか、あるいはそこだけ別世界みたいにぽっと浮いてしまっているのか、どう見えますか？

（A）そこはあんまりわかりませんが、桜本を見たときはうまくいっているような気がしました。

ハルモニたちも八〇歳ぐらいになっています。それまで働き続けたハルモニたちにもようやく自分の時間ができて、一世のオモニたちも子育てが終わった。ちゃんと歴史的な背景と、ハルモニたちのこともわかった上で、ハルモニたちを地域で支えていこうという動きがあったわけです。

『花はんめ』の中には、学校でプールに入るシーンがあるんですけど、学校と連携ができていて、入らせてもらえるというような状況でした。そういうのが川崎の中ではまだまだありました。今はそういうわけにはいかなかったり、フィリピンの人だとか、他から来た人たちの方がしんどい状況を抱えています。だから在日韓国・朝鮮人だけの問題じゃなくなっていると思います。

やっぱり振り返ったときに、ヘイトが典型だとは思うんですけど、それなりに闘ってきただろうし文化的なこともやってきたけども、それで変わった所もあるけど、まだこうなのかなっていう思いもあって、僕の中で悶々としているんです。はっきりと言えないっていうのが今の気持ちです。

（日韓記者・市民セミナー　第三一回　二〇二二年六月二七日）

# 第Ⅱ講　ヘイトスピーチ・ヘイトクライム根絶に向けて

師岡　康子 ―― 弁護士、外国人人権法連絡会

ヘイトスピーチは暴言や憎しみの表現ではなく、差別的言動のことであり、本質は差別であることが最初に確認すべきことです。

六年前の二〇一六年にヘイトスピーチ解消法ができました。この法律の名前は「本邦外出身者に対する不当な差別的言動の解消に向けた取組の推進に関する法律」というものです。

第二条に、「本邦外出身者に対する不当な差別的言動」の定義があります。「不当な差別的言動」として、ヘイトスピーチが差別であることを日本の法律ではっきりさせたことは、まずこの法律の意義です。ただ対象は限定されていて、「本邦外出身者」というのは外国にルーツがある人という意味です。

次に「差別的意識を助長し誘発する目的で」と差別目的があって、さらに二つの例示（危害を加える旨を告知する脅迫型と著しく侮辱する侮辱型）がありますけども、一番大事なのは次のところです。

「外国の出身者であることを理由にして、その人たちを地域社会から排除することを煽動する」――これが差別的言動、ヘイトスピーチだということです。

この定義自体は完璧ではありませんが、ただ一番大事なことは書かれています。それは、属性を理由とするということです。その社会における少数者に対して、何々人であるとか、性別や性的マイノリティとか、その人たちを社会における二級市民、もしくはその社会の一員ではないと

**ヘイトスピーチ解消法　第二条**

この法律において「本邦外出身者に対する不当な差別的言動」とは、専ら本邦の域外にある国若しくは地域の出身である者又はその子孫であって適法に居住するものに対する差別的意識を助長し又は誘発する目的で公然とその生命、身体、自由、名誉若しくは財産に危害を加える旨を告知し又は本邦外出身者を著しく侮蔑するなど、本邦の域外にある国又は地域の出身であることを理由として、本邦外出身者を地域社会から排除することを煽動する不当な差別的言動をいう。

して扱ったり、人間ですらないとして攻撃する。これがヘイトスピーチの本質です。

日本でいちばんターゲットにされているのが旧植民地出身者です。ヘイトスピーチは、「在特会」などの特殊な集団が乱暴狼藉を働いているという問題ではなくて、社会的歴史的構造的に差別されている人たちに対して、言動によって差別するものです。

旧植民地出身者に対して、国は戦後もずっと差別的に取り扱い権利を認めてこなかった。「外国人は煮て食おうと焼いて食おうと勝手だ」という政策をずっと続けてきたことがその背景にあるわけです。

## ＊法務省の外国人住民調査結果

もう一つヘイトスピーチで押さえないといけないことは、言動の問題だけに切り縮められないということです。このことは、二〇一六年の解消法制定の後に、法務省が国として初めて行った外国籍住民に対する調査の結果にも出ています。外国人であることを理由にして、「就職のときに差別された経験がある人が二・五割」、「入居差別を経験したことがある人が四割」、そして「外国人もしくは外国にルーツがあるがゆえに直接差別的なことを言われたことがある人が三割」というものです〔図表1〕。

これを見ただけでも、日本のマジョリティとは、全然違う日常生活を強いられていることがわかると思います。

さらに、この法務省の調査結果には、差別的なことを「誰に言われましたか」に対する回答がありますが、一番多いのは「見知らぬ人から言われた」が五割以上です。具体的に書いてないですが、想像するに、見かけで外国ルーツに見える人に対して、見知らぬ人が何か攻撃的な侮蔑的なことを言うということです。

これが日本社会の実情です。特に二〇〇二年に日朝平壌宣言、首脳会談があった以降は、とり

**外国人住民調査結果(概要)**

法務省人権擁護局

**1. 調査の実施状況**

○ 法務省委託の調査研究事業として、**公益財団法人人権教育啓発推進センター**が平成28年11月14日から同年12月5日にかけて、本調査を実施(同センターにおいて、**専門家による検討会議を設置**し、調査事項等を検討)。
○ 全国の地方公共団体から**37市区の協力**を得て、住民基本台帳を基に18歳以上の外国人を1市区当たり500名無作為抽出し**合計1万8500名**に対して、調査票(言語は日本語を含め14言語)を郵送(記入後、郵送により回収)。
○ 調査事項は、日本人とのつき合い、**日本社会における差別・偏見の有無**、**外国人に対する差別的な表現**、**差別や偏見をなくすための施策**等。
○ 調査対象者1万8500名中、**4252名が回答**(回収率23．0%)。

**2. 調査結果概要**

**① 回答者の属性について**
○ **性別構成**は、男性が41．7%、女性57．1%である。
○ **年齢別構成**は、20歳代から50歳代の合計で全体の約8割を占める。
○ **国籍・地域別構成**は、中国、韓国で全体の過半数を占め、以下、フィリピン、ブラジル、ベトナムと続く。
○ **在留資格別構成**は、一般永住者、特別永住者、定住者で全体の過半数を占める。

**② 主な回答結果について**
○ 過去5年間に日本で住居を探した経験がある人のうち、**外国人であることを理由に入居を断られた経験がある人**及び**日本人の保証人がいないことを理由に入居を断られた経験がある人**は、**それぞれ約4割**に上った。
○ 過去5年間に日本で仕事を探したり、働いた経験がある人のうち、**外国人であることを理由に就職を断られた経験がある人**は、**約4名に1名の割合**に上った。
○ 過去5年間に日本で**外国人であることを理由に侮辱されるなど差別的なことを言われた経験**について、「よくある」と「たまにある」を合計すると、全回答者中、**約3割**に上った。
○ **日本に住む外国人を排除するなどの差別的なデモ等を見聞きした経験**については、全回答者中、「テレビ、新聞、雑誌等のメディアを通じて見聞きした」と回答した人(「よくある」と「たまにある」の合計)が約4割、「インターネットで見た」と回答した人が約3割に上った。

○ 差別的なデモ等を見聞きしたことのある人に対し、**差別的なデモ等を見聞きしたときにどのように感じたか**について質問したところ、右図の**グラフ**のとおり、**不快に感じた人**が**6割以上**に上るなどした。

○ **日本で差別等を受けたことがありどこかに相談したことがある**と回答した人は全回答者中、**約1割**、**相談したことがない**と回答した人は**約3割**に上った。
○ **法務局等の人権相談窓口**を知らない人は、全回答者中、8割を超えている。人権相談窓口を利用したいと回答した人は、約2名に1名の割合に上った。

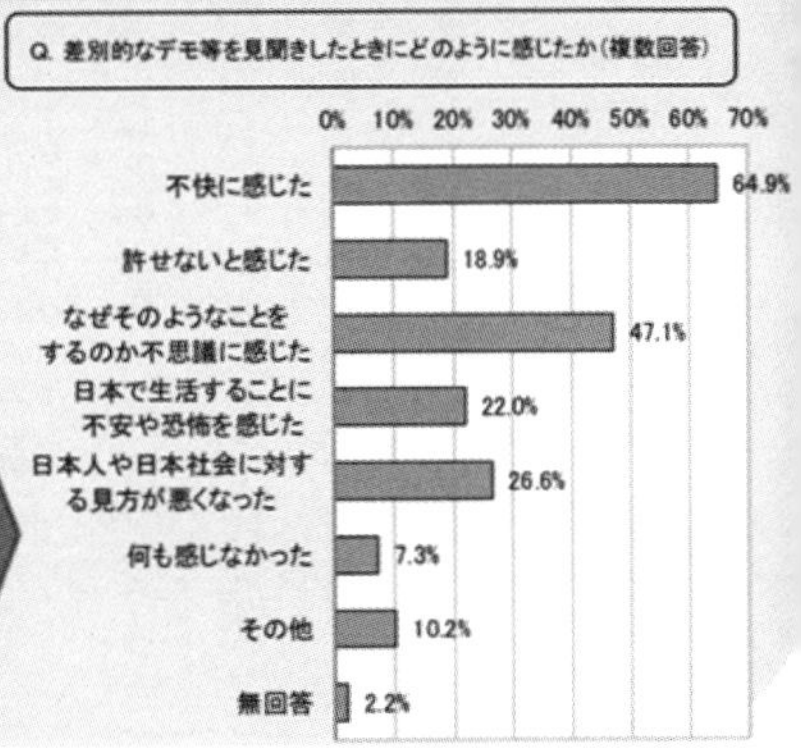


〔図表1〕

わけ朝鮮バッシングがひどくて、朝鮮学校の子供たちは民族衣装の制服が着られなくなりました。

それ以外にも、職場で差別を経験している人が四割もいます。学校とか親戚からも言われたり、公務員からも言われたりとか、日常のあらゆる場面でいつ侮蔑的なことを言われるかわからない。病院で民族名を呼ばれると、それだけでビクッとする。周りの人がどういう目で自分を見るのか、お医者さんが自分をどう扱うのかわからない。

そういうことをあらゆる場面で経験せざるを得ない。日本社会に差別が満ちていて、それが取り扱いの問題や直接言葉になって出てくる。ヘイトスピーチの問題は、言葉だけに切り締めては解決できないことがこの調査結果でもわかると思います。

## *言葉、服装、名前も出せない差別社会

それからヘイトスピーチの問題で一番大事なポイントですけど、その攻撃のターゲットになっている人たちは日常的に苦痛、害悪、屈辱感が与えられているわけですが、その将来が見えないということです。一体いつになったら、自分の属性を明らかにして生活できるようになるのか。日本の学校に通う朝鮮、韓国ルーツの子供たちのほとんどが、民族名を隠して生活せざるを得ないとの大阪府の調査結果があります。自分のルーツが知られていいことは一つもないと訴える子供たちがいる、それが日本の社会の現状です。

差別禁止法を勉強しに行って驚いたのは、アメリカでもイギリスでも、みんな自分の民族の言葉を普通に喋っているし、当然のこととして民族の名前を名乗っていました。

服装もそうです。アメリカ、ニューヨークだとイスラムの服はちょっと危ないと言われていましたが、日本はそれどころじゃない。言葉、服装、名前も出せないほどに差別が厳しい社会だと実感したところです。

## ＊ヘイトスピーチが社会にもたらす害悪

それからもう一つ、ヘイトスピーチで大きな問題は、社会全体にもたらす害悪です。ヘイトスピーチを伴うデモや街宣を直接見たことがある方が結構多いし、今でもそれが続いています。

解消法ができたことで、ヘイトデモの回数は減りました。でも現在もあれは違法ではなく、いまでも警察も行政も止めることはできないんです。

そしてデモや街宣だけじゃなく、悪影響が大きいのはやっぱりインターネット上のヘイトだと思います。それは全くと言っていいほど歯止めがかかっていないので社会に広まってしまう。だから差別の煽動というわけですが、そういうふうに差別すること、差別を表現することが当然のこととなって、何らかのきっかけでそれが暴力に転化する。

憎悪のピラミッド

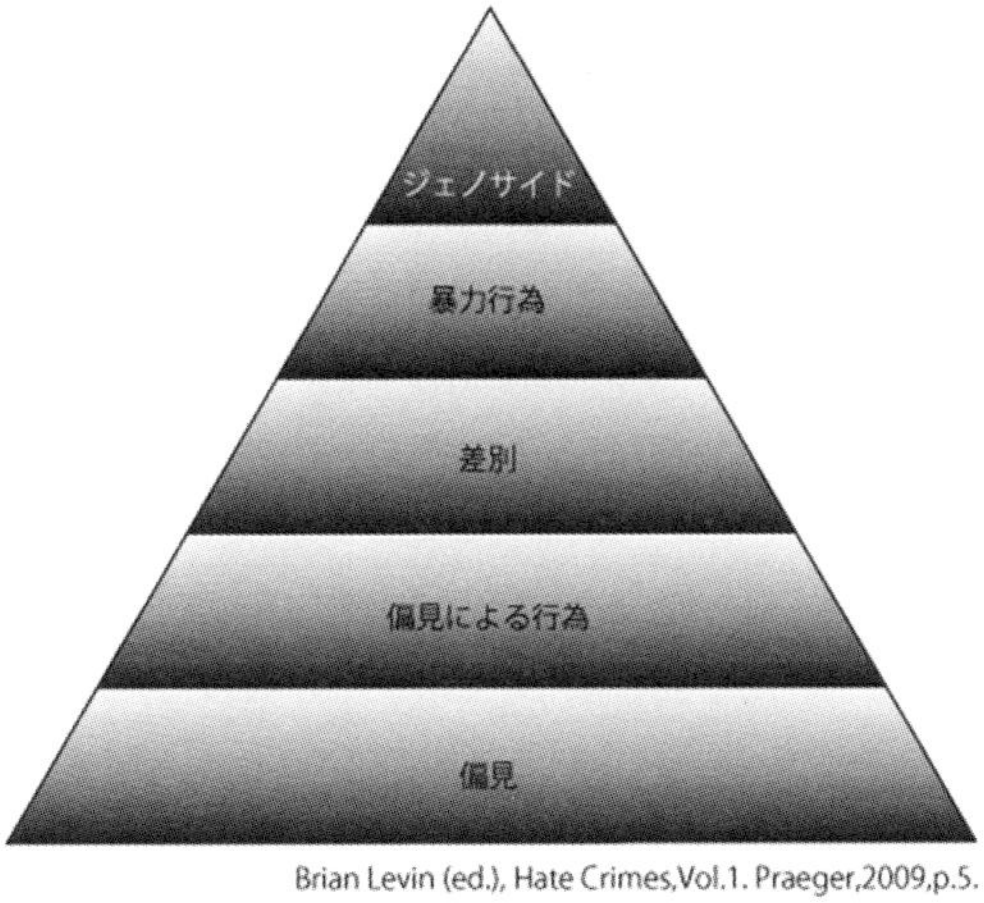


Brian Levin (ed.), Hate Crimes,Vol.1. Praeger,2009,p.5.

それはやはり社会自体を壊してしまいます。特定のある属性の人たちを差別して暴力を振るう、それが何かのきっかけがあれば関東大震災のときのようにジェノサイド〔集団抹殺〕に繋がります。特に外国ルーツの人たちに対する差別は、戦争に直結する煽動としての排外主義です。

そのように非常に危険で、社会自体を壊してしまうものだというのが問題で、国際的には人種差別撤廃条約がつくられて禁止し、刑事規制すべきというのが法的な義務であり、常識です。日本社会ではなかなかそれが広がってこなかったという問題があります。

## *日本の現状

ヘイトデモ・街宣が一番ひどかった二〇一四年は、全国でなんと一二〇回もヘイトデモ・街宣がありました。三日に一遍ぐらいということです。〔図表2〕

今は、コロナの蔓延の影響もあるようですが、だいぶ減りました。でもやはりヘイトスピーチ解消法で差別的言動は許されないことが明確になったことは抑止力になりました。

デモの場合は届け出をしなければならないので、警察が届出の際にヘイトスピーチはしないよう釘を刺すようにはなりました。ただし回数は減っていますが、気になるのが東京都のヘイトスピーチ認定です。東京都の条例の場合には、禁止条項も制裁条項もないので認定するだけです。

| 行ラベル | 2012 | 2013 | 2014 | 2015 | 2016 | 2017 | 2018 | 2019 | 2020 | 総計 |
|---|---|---|---|---|---|---|---|---|---|---|
| 街宣 | 241 | 278 | 365 | 244 | 289 | 280 | 227 | 211 | 168 | 2303 |
| デモ | 41 | 99 | 120 | 70 | 42 | 49 | 34 | 21 | 9 | 485 |
| 講演会 | 1 | 2 | 1 | 10 | 16 | 33 | 21 | 10 | 5 | 99 |
| その他 | | | 3 | 2 | 12 | 19 | 4 | 12 | 6 | 58 |
| 選挙 | | | | | 56 | 42 | | 45 | 25 | 168 |
| 事件 | | | | | | 3 | 1 | 1 | | 5 |
| 総計 | 283 | 379 | 489 | 326 | 415 | 426 | 287 | 300 | 213 | 3118 |
| その他は自治体や公共施設への「面会」「行政交渉」、パネル展など | | | | | | | | | | |

〔図表2〕出典：レイシズム監視情報保管庫

その認定がどんどん増えてしまっています。例えば二〇二〇年も二一年にも、ヘイトスピーチ解消法の定義に直接当たるようなひどい内容のヘイトデモが東京都で数回あったことが認定されています。

回数は減ったが、止まったわけじゃない。止められるような法制度ができていないということです。

公人によるヘイトスピーチや、テレビや出版物での嫌韓、嫌中も止まっていません。

現在、ネット上のヘイトスピーチについてはいくつか裁判が続いています。その一つが川崎の崔江以子(チェ・カンイヂャ)さんの裁判です。チェさんはヘイトスピーチ解消法をつくるときも、川崎市の条例をつくるときにも、名前、顔、職場を出して差別をやめてほしいと訴えました。それでレイシストのターゲットにされ、現在もネット上でひどい差別が続いています。裁判を起こしているところです。

それから安田菜津紀さんというフォトジャーナリストの方。サンデーモーニングなどに出ているので、皆さんご存知かと思います。彼女が安倍元首相の国葬問題で批判したところ、中野区議が「この人のお父さんは、元韓国籍で帰化した」とツイッターで書きました。彼女の発言とはなんの関係もないことですが、それ以降彼女に対して「日本に文句があるんだったら出ていけ」というようなヘイトスピーチがネット上で爆発的に増えました。

このようにヘイトスピーチは全然止まっていないばかりか、ヘイトクライムと直結していることがやはり問題です。

ヘイトクライムとは、差別的な動機に基づく犯罪のことで、報道では「憎悪犯罪」などとも書いています。私は意訳ですけども「差別犯罪」と訳すように提起しています。

憎悪犯罪だと何でも対象に入ってしまい誤解が生じます。このヘイトクライムについては、ここ一〇年ぐらいこのことだけピックアップしてもかなりあります。特に朝鮮学校の子供たちに対するヘイトスピーチや、チマチョゴリ切りとかはずっと社会問題化していて、そのためにチマチョゴリが着られなくなったということがあります。ヘイトスピーチほどヘイトクライムは日本社会では認識されてなかったのですが、コロナとの関連で、アメリカで日系人も含めたアジアの人たちに対するヘイトクライムが報道されるようになり、ヘイトクライムという言葉自体もだんだん知られるようになってきました。

それから、去年（二〇二一年）の七月から八月にかけて、まず民団の愛知の建物に放火をして、それからその隣にあった名古屋韓国学校の校舎に火をつけて、それから民団奈良の建物に火をつけて、そしてその次に京都府の在日コリアン集住地区のウトロ地区の民家に火をつけて七軒を燃やしたという連続放火事件がありました。

この一連の事件は残念ですけどあまり知られてないんです。大きな事件で、特にウトロでは民家七軒が焼けました。これは去年一二月に抗議集会があったときに訪問して直接撮った写真です。

放火で焼かれた在日コリアン集住地区・ウトロの民家

死者は出なかったけれど、小学生のお子さんがいて、たまたま二人とも外に出ていましたが、飼っていた犬は煙にまかれて、翌日の朝に死んでしまったということも報道されました。

ウトロ地区については、元々非常に差別的な扱いをされて、行政が家も整えてなく木造ですし、プロパンガスで爆発事故の大惨事になった可能性も十分にありました。

これはヘイトスピーチとヘイトクライムの連鎖です。被告人は二二歳のまだ成人したばかりの人で、なんでそこに火をつけたのかというと、ヤフーニュースのコメントを見て、在日コリアンは特権を持っていると思ったと、取材に答えています。

京都市が市営住宅をつくって、そこに入ることができるようになったことを在日の特権だと彼は考えて、それで火をつけた。

別にウトロだけの問題ではないんです。その前は民団や民族学校にも火をつけています。そこについては何も説明できない。ウトロについてはあたかも特権があるかのように、それも虚偽なんですけど、言っています。

全般的にコリアンに対して、悪意、偏見、憎悪を持っていることを自分自身が喋っていますし、それはどこから得たのかというとヤフーコメントです。これは日本人の平均的な感覚なんだっていうことも、言っていました。

ヤフーコメントは偏見と憎悪に満ちているわけです。そこから情報を収集して、自分が事件を起こすことによって、ヤフコメ欄が炎上する。炎上を狙って自分はやりましたと言っており、ヘイトクライムによりヘイトスピーチを煽ろうとしたのです。彼は奈良など三件火をつけたんですが、ほとんど報道されなくて、せっかくやったのに注目されなかったので、次にどこでも良かったんですがインターネットで、たまたまウトロの平和記念館のことが報道されたのでやったということです。ヤフーコメントでは、彼の期待通り、「全部燃やせば良かった」とか、「不法占拠している方が悪い」などとの差別的なコメントが書き込まれました。この事件が差別的動機によることが報道された直後に民団の東大阪支部に、ハンマーが投げ入れられた事件もありました。

それから今年、辻元清美議員の事務所に窃盗が入りましたが、その人物はコリア国際学園という、大阪の民族系のインターナショナルスクールに侵入して放火したことを自供しました。それも放火しただけじゃなく保護者などの名簿を盗み、名簿で家がわかるので、一人一人を襲おうと思ったとも供述しています。二九歳の男性の日本人です。

これも相手がコリアンだからという理由だけで襲おうとしたヘイトクライムです。この人が何を、インターネットを見ていたかは、まだ裁判が始まったところでわからないですが、このウトロの人はもう明確に自分はそうだと言っていますし、今度八月三〇日に判決がありますけども、公判の最後のときに私も傍聴に行きました。最終の意見陳述で、「コリアンに対する憎悪が日本社会にあって、日本人は我慢しているだけだから、自分を処罰してもまた別の人がやる、今度は死人が出るんじゃないか」という趣旨のスピーチをして、最後に「ご清聴ありがとうございました」と言ったんです。

彼は元々病院職員になろうとしましたがそこを解雇され、家族の情状証人もなく、家族との関係も薄い。彼自身は社会的に恵まれていない立場の人ではあると思いました。

しかし、彼がこの社会は不公平だと主張しているのですが、なんで韓国朝鮮の人に対してのみ攻撃したのか、と裁判官にも法廷で突っ込まれていました。自分を解雇した病院に火をつけるとか、貧困政策に対して政府を攻撃するのではなく、ウトロの人たちの家に火をつけることには全くその関連性がないんです。

でもそれが彼の特殊な話じゃない。ヤフーコメントで蔓延しているヘイトスピーチを見て、それを受けてヘイトクライムをやり、それがまたヘイトスピーチに繋がり、また別の事件が起きる。このまま放置しておけば、確かに彼が予言したような別のヘイトクライムが起きるだろうというところに、日本社会の非常に危ない状態があると思います。

ヘイトクライム対策を国がすぐやるべきだということで、私たち外国人人権法連絡会は緊急の問題として取り組みました。「ヘイトクライム対策提言」を作成して、ウェブサイトには載せています。全文ダウンロードできますので、見ていただきたいと思います。

## *国連の人種差別撤廃条約

これが今の日本の現状ですが、これは国際社会から見てどうなのか。

ヘイトスピーチを放置しておくことは、その直接の被害当事者とともに社会にとっても非常に危険である。これは国際社会の共通認識です。

その共通認識に基づいて、一九六五年に人種差別撤廃条約がつくられました。これは今九つある基本的な国際人権条約の中で最初につくられたものなんです。国連加盟国の九割以上が加盟している、非常に広く支持された条約です。その中で一番基本的な条項が第二条のdで、「各締約国は、状況により必要とされるときは立法を含むすべての適当な方法により、いかなる個人や集団、組織による人種差別も禁止し、終了させなければいけない」と書いてあります〔第二条、第四条を六七頁に掲載〕。日本は村山政権の一九九五年に、条約成立後三〇年も経ってからやっと入りました。ですから日本は人種差別を禁止し終了させる義務を負っているわけです。

この、日本には人種差別を禁止終了させる義務があるということは、国会議員はもちろん政府は否定はできない点です。ですので、二〇一三年以降のヘイトスピーチを含む人種差別を禁止する人種差別撤廃基本法制定を求める運動の法的な柱となりました。

第二条では一般的に差別を禁止し終了させなければならないこととなっていますが、ヘイトスピーチとヘイトクライムについては第四条で、刑事規制しなければいけないとされています。

この第四条a、bがこの人種差別撤廃条約の肝であると人種差別撤廃委員会も説明しています。というのも、ヘイトスピーチ、ヘイトクライムは、差別一般ではなく、放っておくとどんどん社会に蔓延して、止められなくなる。国際的にはホロコーストや、日本で言えば関東大震災でやったようなジェノサイド、さらに戦争に繋がってしまいます。その反省に基づいてつくられたのが、第四条a、bです。

一九六五年の条約制定の当時はヘイトスピーチ、ヘイトクライムという言葉はありませんでした。この言葉自体は、一九八〇年代頃からアメリカ、イギリスで使われるようになりました。条約では、例えば「人種的優越または憎悪に基づく思想」とか、「人種差別の煽動」(これはヘイトスピーチそのものです)、それから人種などを理由にした「暴力行為」など、これはヘイトクライムですね。それらを犯罪とすべきだと定めています。

## ＊国際社会から批判を浴びる日本

これに対して、日本はその第四条a、bを留保しているから刑事規制をしてはいけない、もしくはしなくていいという反論が憲法学者などから出ることもあります。ですが日本政府は、留保の形式について、「日本国憲法の下における集会、結社及び表現の自由その他の権利の保障と抵触しない限度において、義務を履行する」(一九八八年政府報告書)と言っている。だから第四条a、bについて、何もやらなくてよいわけではないんです。

そこで「表現の自由と抵触しない限度」とは何かが問題になるわけです。日本でも例えば、脅迫とか名誉毀損とか侮辱などは、刑法で禁止されています。

だから表現の自由といっても無制限ではなく、人種差別の表現は、非常に危険で死に直結するものであるから禁止の必要性があります。規制に際しては、何が禁止の対象になるかを当然明確にしなければいけませんが、その配慮をもって禁止することは、憲法上の問題に全て抵触するはずはないんです。

国連の人種差別撤廃委員会は、四、五年に一回、この条約に基づいて、日本も含めて各国を審査します。その政府報告書が審査される場を、私も何回か傍聴しました。やはり政府代表が突っ込まれるのは、日本では「何々人を皆殺しにする」とかの暴力の煽動を禁止することも、表現の自由を過度に規制し憲法に抵触するものなのかと聞かれます。日本政府は答えられません。それも表現の自由だとまでは言えないわけです。

だから、「第四条a、bの留保」を撤回しなさいと、日本はずっと言われています。でも、留保を撤回しなくても憲法違反になるかどうかを厳密に見れば、日本でも当然に、とりわけ深刻悪質な表現については、禁止して刑事規制することは可能だし、そうしなければいけません。これがこの条約に基づく義務だと思います。

## ＊人種差別撤廃のための最低限の基準

いま見たのは、ヘイトスピーチ、ヘイトクライムについてですが、この人種差別撤廃条約が求めているのは、より包括的な人種差別全体の撤廃です。条約はそのための最低限の基準を設けています。

一番の基本的な義務は差別の禁止法をつくることです。ヘイトスピーチ、ヘイトクライムについては処罰する。もう一方で差別を無くすこととセットとして、平等な人権を保障する法制度が必要だと提起しています。差別を無くすための教育や被害者の救済手続きも必要です。特に被害者の救済については、裁判だけでなく、政府から独立した行政機関、裁判よりもより簡易で当事者も含めた、国内人権機関を設置しなさいとも言っています。

しかし日本政府は、このようなことを今まで何一つやってこなかったんです。人種差別撤廃委員会により、今まで四回審査がありました。まず最低限やらなければいけないことは、差別禁止法をつくることです。それもやっていないので、非常に厳しく毎回勧告をされているところです。

## ＊地方自治体の役割の大切さ

この条約でもう一つ注意していただきたいことは、国（中央政府）だけでなく、地方の政府も含めて条約に基づく義務を果たさなければいけないと明記されていることです。人種差別撤廃条約の第二条一項ｃ「各締約国は、国・地方の政府の政策を再検討し、人種差別を生じさせたり、永続化させたりする効果を持ついかなる法令も改正し、廃止し、無効にするために効果的な措置をとる」と書いてあります。

条約に明文で、地方の政府について直接触れているのは珍しいのですが、それだけ地方の政府の役割が重視されていることだと思います。

ところが、日本はいまでも国籍条項があるから公務員になれないとか、国自体が朝鮮学校は支援から外すとかに見られるように、国の直接的な政策や法制度が人種差別を促進するような政策を取り続けています。この第二条一項ｃの義務も守っていないので、毎回人種差別撤廃委員会から差別政策を改めるように勧告をされているところです。

## ＊ヘイトスピーチ解消法の成立

日本の法制度で条約は憲法の次に効力が強いんです。法律よりも効力が強いので、条約に違反する法律や条例は無効になるはずです。ところが、実際にはそのように機能していないことがやはり問題です。

それでもヘイトスピーチ解消法が、二〇一六年にできました。この解消法はヘイトスピーチ、差別的言動についての定義が入ったことはとても意義があると先ほど言いました。具体的な規制や罰則を規定していない理念法ではありますが、これまで日本で外国ルーツの人たちに対して差別があること自体を認めた法律はなかったんです。

日本政府は差別禁止法をつくりなさいと言われていながら、「いや日本には大した差別はないので法律をつくるほどの必要性はありません」と言い続けてきました。しかし、非常にひどい差別がやはりあるから、この法律をつくることになったので、それ自体が人種差別をなくすための出発点にはなる法律ではあります。

もう一つの意義としては、はっきりした禁止条項はないですが、少なくとも定義があって、国と地方の取り組みで大事なのが、不当な差別的言動の解消に向けた取り組みに関する施策を実施する責務があることです。この解消法ができるまで、川崎でも市に「ヘイトデモを何とかしてくれ」と訴えても、「いや、根拠となる法律がないから何もできません」といわれました。そういう言い訳はもう成り立たなくなりました。

ヘイトスピーチ解消法第四条二項では、「地方公共団体は、解消に向けた取り組みに関して、国との適切な役割分担を踏まえて、当該地域の実情に応じた施策を講ずるよう努めるものとする」とあります。

「努めるものとする」というのは弱いです。この解消法ができるときに、私達ＮＧＯも弁護士も、民団の方たちとも一緒に、地方についても国と同レベルにするように働きかけました。条文上は変わらなかったんですけど、付帯決議をつけさせました。衆議院と参議院とほぼ同じ内容の付帯決議になりました。その第二項に、「不当な差別的言動が地域社会に深刻な亀裂を生じさせている地方公共団体においては、地域差に適切に応じて、国とともに、その解消に向けた取り組みに関する施策を着実に実施すること」とあります。国と同レベルで責務としてやらなければいけないということが入りました。

四条二項とこの付帯決議二項をセットとして、各地でいま、ヘイトスピーチを含む差別撤廃に関する条例づくりが進んでいるところです。〔条項と付帯決議二項を六八頁に掲載〕

## ＊消えた禁止条項

二〇一三年以降、差別と闘う人たちの願いは、人種差別撤廃基本法をつくることでした。それで人権法連絡会が作成した人種差別撤廃基本法モデル案をかかげて国会に働きかけ、二〇一五年に野党法案（人種差別撤廃施策推進法案）が出ました。他方、野党法案への対案として二〇一六年に出された解消法は野党法案とは異なって、対象が差別的言動だけに限定をされたし、禁止条項がはっきり入っていません。基本法とまでは言えず、実効性がとても弱いというのがやっぱり問題です。ヘイトスピーチ解消法では足りないので、ヘイトクライムは止まらないし、デモの回数は減ったけれども続いています。

先ほどヘイトスピーチの現状のところで言い落としましたけど、選挙運動におけるヘイトスピーチも問題です。非常に深刻で、それを止める術がないわけです。

一応、法務省などが「選挙運動だからといってヘイトスピーチをやってもいいわけじゃありません」という通達などを出しましたが、悪質で意図的な人たちはそれでは止まりません。全然解決していないんです。

ですので、やはり禁止することが必要です。まず法的に禁止することです。そして悪質なものについては条約上求められている刑事規制が必要です。そうでないと止まらないということだと思います。

## ＊刑事規制を盛り込んだ川崎市の差別禁止条例

川崎市の条例は二〇一九年にできました。日本で初めて、差別を刑事規制するという条項が入りました。

それが大きな成果を上げていることをご紹介したいと思います。

川崎市の条例の全体的な枠組みは、包括的な差別撤廃基本条例です。対象としたのは、外国ルーツの人たちだけでなく、障害とか性別とか、性的マイノリティの人たちとか、部落問題とか、全般的な、属性に基づく差別を無くしていこうとするものです。市がその責務を負い、基本計画を立てる義務などが定められた基本条例です。属性に基づく差別的な取り扱いについては禁止条項があります。

では差別的言動についてはどうかというと、ヘイトスピーチ解消法に基づいて、外国ルーツの人たちに対する差別的言動については禁止する条項があり、この部分は基本条例というよりも差別禁止条例になっています。

差別的な言動があった場合、「勧告」「命令」が出されたのに三度目の差別的言動が行われた場合には、命令違反として刑事規制の対象になるということです。

その仕組みについては、図表を見てください〔図表3〕。図表の上の方が差別的言動の禁止対象です。これはヘイトスピーチ解消法と違って、まず場所が限定されています。「公共の場所」においてです。それから手段も限定されています。拡声器などを使ったヘイトデモや街宣を想定しています。

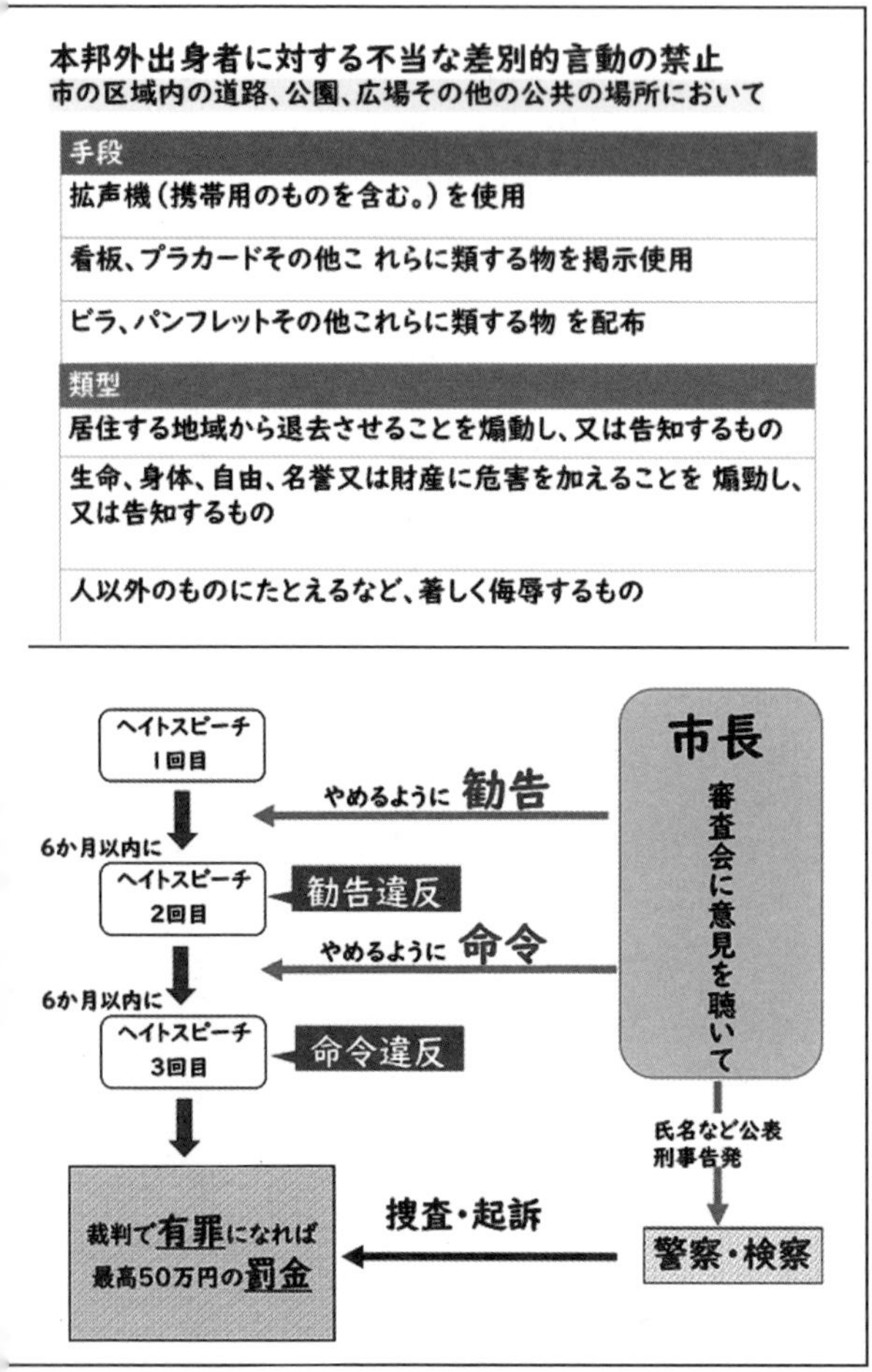

本邦外出身者に対する不当な差別的言動の禁止
市の区域内の道路、公園、広場その他の公共の場所において
手段
拡声機（携帯用のものを含む。）を使用
看板、プラカードその他こ れらに類する物を掲示使用
ビラ、パンフレットその他これらに類する物 を配布
類型
居住する地域から退去させることを煽動し、又は告知するもの
生命、身体、自由、名誉又は財産に危害を加えることを 煽動し、又は告知するもの
人以外のものにたとえるなど、著しく侮辱するもの
市長
審査会に意見を聴いて
ヘイトスピーチ 1回目
やめるように 勧告
6か月以内に
ヘイトスピーチ 2回目
勧告違反
やめるように 命令
6か月以内に
ヘイトスピーチ 3回目
命令違反
氏名など公表
刑事告発
警察・検察
捜査・起訴
裁判で有罪になれば
最高50万円の罰金

〔図表3〕差別的言動禁止の仕組み

それから類型も三つ明確化されていて、かなり限定されているところです。図表の下の方はこのようなものがあったときの手続きです。

市長が五人の専門家による審査会

に意見を聞いた上で、その事実があったと判断した場合にはやめるようにまず勧告します。同じ人たちが六ヶ月以内に同様のことを言った場合には、やめなさいと命令します。その命令に違反した場合には刑事規制の対象となり、告発して刑事裁判の手続きに入ります。有罪になれば五〇万円までの罰金ということになりました。

施行されたのは二〇二〇年七月でしたが、それ以降、明白に違反するようなヘイトスピーチはほとんどなくなりましたから、やはり大きな成果だとは思います。

同じ人物が、東京都内のデモではヘイトスピーチをやったと都から認定されましたが、川崎ではやらなくなった。川崎では、その人物がヘイトピーチをしそうになると、周りのヘイトの団体の人たちがその人物の口をふさぐとか、プラカードを降ろさせるとかするようになりました。ここで何を言ったら違反するかということを、ヘイト団体の人たち自体がわかっているんです。やっぱり刑事規制の対象にすると効果が出ています。

そもそもなぜ日本で初めての刑事規制を、川崎市が提案したのかということですが、経緯があります。

川崎市は現在、いわゆる革新系の市長ではありません。市民が粘り強くヘイトスピーチの被害を伝えたことが、市長、市の行政、市議会を動かしました。そして川崎市は啓発活動や教育において、ヘイト差別はやめましょうと取り組みました。それでもヘイトデモ、ヘイト街宣が止まらなかった。そこで川崎市は「教育や啓発では限界がある」「悪質なヘイトスピーチは止められない」といって刑事規制を提案しました。実際これによって効果が出たわけです。

川崎市が提案したこの条例は全会派一致で通ったことも非常に大きな意味があると思います。市議会には日本会議系の自民党の人もいましたし、共産党の人も含めて全会派一致で条例はつくられました。

当時「オール川崎」というスローガンがありましたが、市民に対して属性を理由にして人を虫けらのように表現したり、「出て行け」と表現したりすることは許さないということは共通認識となり、条例にできたわけです。

ですから、川崎でできたことは他の市でもそれをベースにしてつくることができるはずです。今いろんなところで、条例をつくるように取り組んでいる人たちのスローガンにもなっているところです。川崎市民が頑張って全会派一致で条例を通したことは、非常に大きな希望になっていると思います。

## ＊川崎市に続く自治体

本来なら全国レベル、国レベルでこういう法律をつくるべきなんです。だけど国レベルで法律、特に刑法を変えることは時間がかかります。そこで市民が直接被害に遭っているところの各市で、できるところからどんどんつくり、国も動かす。両方でいろんな働きかけをしているところです。

現在、地方レベルでは神奈川県の相模原市が注目されます。市長が相模原市の人権施策の審議会にヘイトスピーチ対策の条例案の検討をしてほしいと諮問しました。いま答申をつくっているところです。最終的な答申案の骨子として出されたのは、ヘイトスピーチ禁止条項は不可欠で、その対象を今広げるということになっています。相模原では人種や国籍とともに、やまゆり園事件があったところでもありますので障害に基づく差別的言動も禁止の対象にしようということです。違反した場合には刑事規制もしくは秩序罰（過料）です。秩序罰は刑事規制と違って犯罪としては扱われませんが、行政、自治体が課すことができる五万円以下の過料など、何らかの制裁をつけて、実際に差別をやめさせる条例案にしようということです。

それ以外に、沖縄県の取り組みや、広島とか北九州とか様々なところで取り組みがあります。川崎市の条例にもちょっと弱いところがあります。国際人権基準に照らして、差別の被害者がその救済を直接求めることができる手続きが規定はされていないことです。

東京弁護士会で二〇一八年に、人種差別撤廃モデル条例案というものをつくりました。ヘイトスピーチ解消法が二〇一六年にできましたが、非常に緩いものなので、地方でそれに基づく条例をつくる場合の叩き台にしてほしいと考えました。救済手続きや第三者機関のあり方については、この東弁のモデル条例案を使っていただければと思います。

実際に川崎でつくるときにも参考にしていただきましたし、相模原でも、私も相模原の人権施策審議会にも呼ばれてお話しましたし、沖縄県でも明日お話するところですけど、あと国立市とか狛江とかでも、東弁のモデル条例案を参考にしていただいているので、ぜひ見ていただければと思います。

## ＊社会に問われるこれからの課題

ヘイトスピーチは、その直接のターゲットになっている人たちに被害をもたらし、日常生活自体がマジョリティの人たちとまったく違うものにさせられています。例えばヘイトデモや街宣があれば、特にお子さんを連れて出かけることは避けようとして、保護者がネット上でヘイト団体の予定表を確認されています。そういう日常的な苦痛、苦労を強いられています。特にインターネットはヘイトスピーチが目に入るからもう見ないようにするとか、日常的な不利益があり、また将来にわたる先が見えないような生活を強いられています。同じ社会に生きる人々が、属性に基づく差別で苦しむことを、放置していていいのかという問題です。

また、ヘイトスピーチ、ヘイトクライムを放置すれば差別と暴力が蔓延してこの社会を壊してしまうという、被害があります。

そしてもう一つ、ヘイトスピーチ解消法は非常に不十分ではありますが、初めて日本社会で人種差別を社会問題化しました。二〇一三年以降の酷いデモ・街宣、多くの人たちがそれに反対し、現場に行ってカウンターのような形で抗議しました。様々な報道機関でも毎日毎日取り上げられました。それでやっとヘイトスピーチ解消法が実際にできて、川崎市では全会派一致で刑事規制まで付ける条例ができました。やはり、声をあげて取り組めば社会を変えることはできるということです。

逆に声を上げないで差別を放置すれば、当然に何も変わらないんです。差別をされている人たちの立場からすると、私たち一人一人が差別をしなければそれで済む問題じゃないんです。この社会に差別があるわけですから、いじめの問題と同じで沈黙は加担していることになるわけです。

もちろん公的な機関は人種差別撤廃条約上の義務があるけれども、その義務を果たさせることができるのも私たち一人一人の力です。国のヘイトクライム対策もそうですし、地方レベルではやっぱり条例をつくろうと声をあげれば、実際に実現ができるので、ぜひ皆さんと一緒に取り組んでいきたいと思います。

〔質疑応答〕抜粋

（Q）ヘイトスピーチやヘイトデモが街に出てきたのは、一〇年ぐらい前ですね。どうしてそんな形で急に出てくるようになったんでしょうか。

（A）まず背景として、日本社会にはコリアンに対する差別がずっとありました。その中でも少しずつ差別はいけないとされ、法律もある程度変わってきたりしたわけです。一九九五年の村山談話では戦前の植民地支配や侵略戦争は良くなかったと表明し、人種差別撤廃条約にも加入しました。

それに対して、一九九六年以降、巻き返しが始まったわけです。日本会議が出来たのは九七年だったし、新しい教科書をつくる会が出てきて、「日本は別に悪いことはしていない」と言って加害の歴史を否定したのもこの頃からで、亡くなった安倍さんは政治家としてその中心になって運動しました。歴史教育問題としてずっとやってきたわけです。

もう一つ契機になったのは、二〇〇二年の日朝首脳平壌会談です。首脳会議で北朝鮮が拉致を認めると、「日本人は被害者で朝鮮人が加害者だ」という雰囲気がつくられてしまいました。

それからやっぱりインターネットの普及が大きいです。今までいわゆる「便所の落書き」

だったものが、匿名でネット上で表現され、差別表現が広がるようになったことは、とても大きいと思います。それ以外にも､嫌韓本が出てきたのが二〇〇二年から〇三年ぐらいです。

でもやっぱりその背景には、加害者としての責任を認めない政治からの巻き返しがあると思います。二〇〇七年には教育基本法がかえられて愛国心教育がされるようになったし、この年の最初に在特会という民族差別を目的にする団体もできたんです。

そして在特会が中心になって、例えばＮＨＫに抗議街宣やったりなどして社会的に注目され、朝鮮学校襲撃事件が起きたのが二〇〇九年です。埼玉の蕨市のフィリピン人一家の強制退去問題で少女の学区内でデモをするとか、フジテレビへの抗議は数百人の大きなデモでした。その頃から非常に目立つようになり、二〇一二年一二月に安倍政権になって以降は、自分たちが「日の丸」を背負って政権にも支持されているという意識で動いたように思います。二〇一三年から二〇一四年にかけて、ヘイトデモが一二〇回も行われるような状態になったと、そういう経緯だと思います。

（Q）自治体で何ができるかということの一つに、モニタリングがあるのではないでしょうか。私､藤沢から来ましたけど､「日の丸」街宣がこの頃藤沢に来るので､市役所の人権担当がユーチューブなどをチェックするようになりました。

（A）「日の丸」街宣車が来ているのだったらもう明確な立法事実があるので、条例づくりの取り掛かりもお願いしたいところです。

ヘイトデモや街宣があれば明確ですが、そうでなくてもインターネット上のヘイトスピーチは全国どこでもあるし、ヘイトスピーチ解消法の付帯決議でもインターネット上のヘイトスピーチに対してちゃんと対策しなければいけないと書いてあります。

ネットモニタリングは、確かに地方ができる、地方でしかできないともいえる取り組みです。その地方に関する差別的な言動の書き込みがあれば、市民の訴えがなくても、ピックアップして削除を要請することはとても大きなことだし、それは被害者市民の負担を減らすことなので、ぜひやってほしいと思います。全国の自治体のうち二割ぐらいがすでに取り組んでいます。

最近の例ですと、川崎市が削除要請した結果、これまで個人が削除請求しても不誠実な対応をしてきた5チャンネルがすぐに削除した例があります。行政が責任を持って取り組んでチェックして削除要請することは、一市民が訴えるより、プロバイダ側の対応も違います。

（日韓記者・市民セミナー　第三四回　二〇二二年八月三日）

**人種差別撤廃条約**
**第二条第1項**

締約国は、①人種差別を批判し、②あらゆる形態の人種差別を撤廃し、すべての人種間の理解を促進する政策を、すべての適当な方法により遅滞なく、遂行する義務を負う。このため、各締約国は、個人や集団、組織に対する人種差別行為・実行にたずさわらず、また、国・地方のすべての公的当局・機関がこの義務に従って行動するよう確保する義務を負う。

(a)各締約国は、個人、集団又は団体に対する人種差別の行為又は慣行に従事しないこと並びに国及び地方のすべての公の当局及び機関がこの義務に従って行動するよう確保することを約束する。

(b)各締約国は、いかなる個人や団体による人種差別も後援せず、擁護・支持しない義務を負う。

(c)各締約国は、国・地方の政府の政策を再検討し、人種差別を生じさせたり、永続化させたりする効果を持ついかなる法令も改正し、廃止し、無効にするために効果的な措置をとる。

(d)各締約国は、状況により必要とされるときは立法を含むすべての適当な方法により、いかなる個人や集団、組織による人種差別も禁止し、終了させる。

(e)各締約国は、適当なときは、人種間の融和を図る複数の人種で構成される団体・運動その他人種間の障壁を撤廃する手段を奨励し、人種間の分断を強めるようないかなる動きも抑止する義務を負う。

**第四条**

締約国は、①人種的優越や、皮膚の色や民族的出身を同じくする人々の集団の優越を説く思想・理論に基づいていたり、②いかなる形態であれ、人種的憎悪・差別を正当化したり助長しようとする、あらゆる宣伝や団体を非難し、また、このような差別のあらゆる煽動・行為の根絶を目的とする迅速で積極的な措置をとることを約束する。このため、締約国は、世界人権宣言で具体化された原則と本条約第5条が明記する権利に留意し、特に次のことを行う。

(a)①あらゆる人種的優越・憎悪に基づく思想の流布、②人種差別の煽動、③人種や皮膚の色、民族的出身の異なる人々に対するすべての暴力行為や④暴力行為の煽動、⑤人種主義的活動に対する資金援助を含むいかなる援助の提供も、法律で処罰すべき犯罪行為であることを宣言する。
(b)人種差別を助長し、かつ、煽動する団体や宣伝活動（組織的なものも、そうでないものも）が違法であることを宣言し、禁止し、こうした団体や活動への参加が法律で処罰すべき違法行為であることを認める。
(c)国や地方の公の当局・機関が人種差別を助長しまたは煽動することを許さない。

**ヘイトスピーチ解消法　第四条**（国及び地方公共団体の責務）
1項　国は、本邦外出身者に対する不当な差別的言動の解消に向けた取組に関する施策を実施するとともに、地方公共団体が実施する本邦外出身者に対する不当な差別的言動の解消に向けた取組に関する施策を推進するために必要な助言その他の措置を講ずる責務を有する。
2項　地方公共団体は、本邦外出身者に対する不当な差別的言動の解消に向けた取組に関し、国との適切な役割分担を踏まえて、当該地域の実情に応じた施策を講ずるよう努めるものとする。

**衆議院法務委員会　ヘイトスピーチ解消法附帯決議**（２０１６年5月20日）
国及び地方公共団体は、本法の施行に当たり、次の事項について特段の配慮をすべきである。
2　本邦外出身者に対する不当な差別的言動が地域社会に深刻な亀裂を生じさせている地方公共団体においては、その内容や頻度の地域差に適切に応じ、国とともに、その解消に向けた取組に関する施策を着実に実施すること。

# 第Ⅲ講　差別実態調査から見るヘイト

権　清志
——朝鮮奨学会代表理事

お手元の資料は中央日報日本語版の読者のコメント欄です。本来でしたら、ヤフー・ニュースのコメント欄を持ってきたかったんです。その内容はこの比ではなく下劣で醜悪で、日本のレイシズムを語る上で貴重なサンプルでしたが、残念ながらアーカイブできませんでした。

それから朝鮮奨学会の会報『セフルム』です。年に一回出しています。二七号に差別実態調査のアンケート報告が載っています。

朝鮮奨学会とはそもそも何者か、なぜこのような調査活動を行ったのかということを説明しながら、調査の中身と意義をお話できれば幸いです。

## ＊朝鮮奨学会の沿革

朝鮮奨学会は今年で一二〇周年目を迎えます。お手元の「一二〇年の歩み」にも、一九〇〇年を淵源と書いてあります。

元々は大韓帝国時代の王室や貴族階級の子弟が、日本に留学するための便宜を図る集まりでした。麹町にあった宿舎から始まったと言われています。

こちらの韓国ＹＭＣＡ会館も、朝鮮奨学会とは繋がりが深いところです。

年表に、一九一九年四月、「二・八運動に参加した寄宿生全員が退舎」となっていますが、ご存

知の通り、三・一独立運動の起爆剤となったのは二・八運動です。

この韓国ＹＭＣＡで、崔八鏞（チェ・パルヨン）先輩を中心とした方々が戦闘的かつ原則的な独立宣言を採択し、三・一運動に飛び火したわけです。一九一〇年に、韓日併合といわれる植民地支配が始まる中で、麹町の寮は、厳しい管理下に置かれました。二・八独立運動が起こって、留学生には相当厳しい締め付けがありました。

これに対して寄宿した全員が、「日本帝国主義の碌は喰まない」と、あくまでも抗議の意を示して退舎（「同盟退舎」）したということが記録に残っています。その後の日帝植民地時代には朝鮮奨学会の前身組織は朝鮮総督府の管理下にありました。

要は内政一体、天皇の赤子であるところの台湾、満州、朝鮮の出身者を管理する、その管理監督のための組織体が朝鮮奨学会の前身組織でした。

朝鮮奨学会を語る上で出てくる人物に野口遵（したがう）と言う人物がいます。日本窒素のオーナーでした。あの水俣病のチッソです。チッソは朝鮮半島でボロ儲けしました。

当時の伊藤博文を中心とした山口の閥と組んで、日本に米が足りなくなると朝鮮から持っていけとなり、その肥料を作ったのがチッソです。一九四四年に死んだ時、自分の遺産から当時のお金で五百万円（現在の五〇億円相当）を、朝鮮の学徒のために寄付したことが美談として語られています。でもこれは、朝鮮人の紅血で潤った会社の罪滅ぼしだろうとも言われています。

この組織の特異性ということでは、『セフルム』に評議員・役職員が掲載されています。代表理事・崔寅泰（チェ・インテ　朝鮮高等学校校長）、その下に、代表理事・權清志（クォン・チョンジ　韓国民団中央本部企画調整室長）とあります。おそらく世界中で、過去に殺し合いをするなどの対立した南北の団体が、手を携えている組織はここだけだと思います。

韓国民団、朝鮮総連の双方から理事、評議員を出す。さらに日本側から理事として、朝鮮人BC級戦犯の研究で頑張られている恵泉女子学園大学の内海愛子先生、行政学で高名な東京大学の井出嘉憲先生など、こういった方々がいらして韓国、朝鮮、日本の三者で評議員会と理事会を構成しています。

ここに至るには経過があって、一九五六年七月に、文部省大学学術局の西田亀久夫氏が、理事会の再建方針として在日朝鮮人の総意を結集する意味で、『文部省当局より日本人三名、在日本大韓民国居留民団から三名、在日本朝鮮人総聯合会から三名を推薦して理事会を構成する』との通知を出しました。

一九五〇年に韓国戦争・朝鮮動乱が起こる中、日本国内でも南北の激しい抗争、殺し合いが起きました。奨学会内部でも混乱状態に陥り、指導系列をめぐっての激しい対立、またお金の使い方も不鮮明で現職の理事が逮捕されるというだらしない状況もありました。

そこで文部省は、混乱状態がこのまま続くなら解散するか、もしくは主義主張の違いがあったにせよ、未来世代のことを考えて対立的な要素を一旦置き大同団結するか、と二者択一を迫ったわけです。

冷戦構造の中で非常に厳しい分断状況があり、それを受けて民団、総連間にも非常に深い溝がある。しかし民族教育、育英事業に関しては、対立的な状態は置いて、未来に向かって展開しようではないかとなりました。これが今の原型です。朝鮮奨学会の特異性はここに始まるわけです。

## ＊ヘイトスピーチと育英事業

この朝鮮奨学会の対象者は、あくまでも日本の学校に学んでいる韓国籍朝鮮籍の高校生、高専、大学生、院生です。

韓国からの留学生も入っています。将来、日本が北朝鮮と国交回復すれば北朝鮮から来た留学生も当然受給資格があることになります。

二〇一三年にヘイトスピーチという言葉が出始めました。言葉による暴力が顕在化、可視化するわけです。

ヘイトが激しく展開される中にあって、育英事業の対象である同胞学生の状況を変えるために、公益性に準じた形でなすべきことはあるのかということで悩みました。

特に、二〇一六年にヘイトスピーチ解消法ができて、どれだけ状況が変わったのだろうかとも思いました。毎年夏に行うサマーキャンプにしても、学生が集まる交流会にしても、必ずヘイトスピーチの問題が出るわけです。

そうした中、奨学会ＯＢである研究者からの要請がありました。ヘイトスピーチ解消法が施行されてからヘイトはなくなったのか？　そのことをしっかりと検証する場がないので、奨学会にやっていただけないかという問い合わせがあったのです。

最初、お断りしました。なぜかと言うと、調査事業の要望は、過去に様々なテーマについて非常に多く寄せられていました。でもそれを一旦受けてしまうと、やはり公平性の問題があるし、南の政治状況と北の民主化などのデリケートな問題も多かったので、全て遠慮させていただいていたのです。

しかしながら今回ヘイトに関しては、奨学生が置かれている現況をきっちり把握して、ヘイトに満ち満ちた状況を改善するために何かできないかということで一歩踏み出しました。

調査の正式名称は、「韓国人・朝鮮人生徒学生の嫌がらせ体験に関する意識調査」です。「嫌がらせ体験」というのは微妙な表現です。実はこのタイトルを決めるのでも、朝鮮側理事二名と韓国側理事二名で本当に徹底的に論議しました。目の前で子供たちが苦しんでいるのを見てきた理事からすれば、奨学生にヘイトだ、差別だ、レイシズムだという言葉をぶつけることには慎重にならざるを得ません。本当に徹底的に論議して、最終的に落ち着いたのが、「嫌がらせ体験」でした。そうすれば抵抗感もなくなるだろうというもので、言わば苦肉の策です。

## ＊アンケートの目的と結果

この調査の目的は二つです。一つは、現実にどこまでヘイトに苛《さいな》まれているのかを知ること、二つ目は解消法が施行された後の現況はどうであるのかを実証的に把握したいということです。そして問題を可視化した上で、日本社会、世界にそのことを問いたいということです。

今回のこのアンケートは、インターネットを活用しました。ただ高校生に関してはネット環境がない子もいるので、紙も併用して調査を行いました。

調査期間は二〇一九年一二月から翌年の二月まで。最終的な有効回答は一〇三〇件ですが、有効回収率は六九・四％で、約七割です。

こういう社会調査事業の場合、ましてヘイトという辛く楽しくもない、苦痛を伴う作業に関しては、四割くれば御の字ですよと言われたんです。まして年末年始のバタバタした時期でしたから、正直驚きました。もしかしたら、答えないと来年奨学金をもらえないと考えてしまったのか、とも思いましたがそうではなかった。

ですからこの七割の重さです。私たち理事のサイドも痛感して、本当に重く受け止めていると ころです。

## ＊「嫌がらせ体験」の実態と二つのエピソード

嫌がらせ体験の実態ですが、報告書の図1を見てください。特にネットに関しては七割を超える被害が報告されています。

ある在日同胞系の新聞社が、紙上で民族差別を受けている実態は「三割」、大した数字ではないような論調を出しましたが、あきれ返りました。

直接的に言葉で「朝鮮人」「帰れ」とか言われることもさることながら、やはり大きいのはデモとネットです。言われた人の性別や言われた場所、嫌がらせをした相手などについても『セフルム』の報告書で図になっていますので見てください（一例として78頁 図2-2、2-3）。

図1　嫌がらせ体験の種類と有無

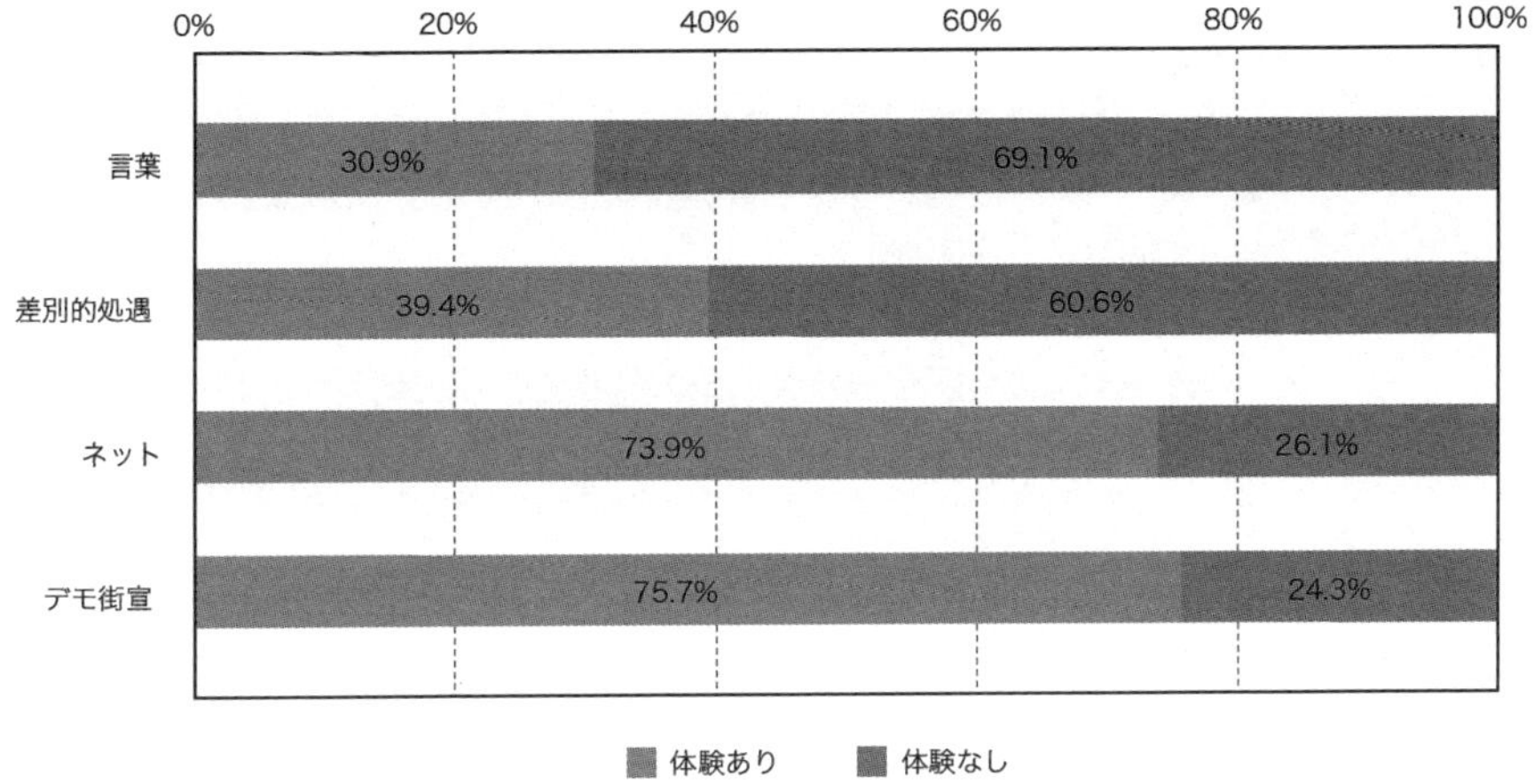


こうした現実を見た時、私は二つのエピソードを思い出しました。

一つは昨年末のナイキのＣＭです。家庭環境とコリアンであること、容姿の問題で苦しむ一〇代の子が、女子サッカーに携わる中で、未来を見つめていく、よくまとまったＣＭでしたが、すごい反発があったそうです。

つまり日本社会には、こういう民族差別はないと…。いわゆる被害者コスプレをまとった一部の反日的な人間が差別だと言っているだけで、「日本社会に民族差別はありえない」「ナイキはおかしい」と、ネットで炎上しました。

では、日本社会に差別はあるのか、ないのか。現にあります。そのことを数字で可視化したのが今回のアンケートだということです。

もう一つは、二〇一四年当時、民団として、ジュネーブの人種差別撤廃委員会に要請活動に行った時のことです。

ご存知のとおり日本は、人種差別撤廃条約を批准してい

図 2-2 性別×嫌な思い（Q9-1）

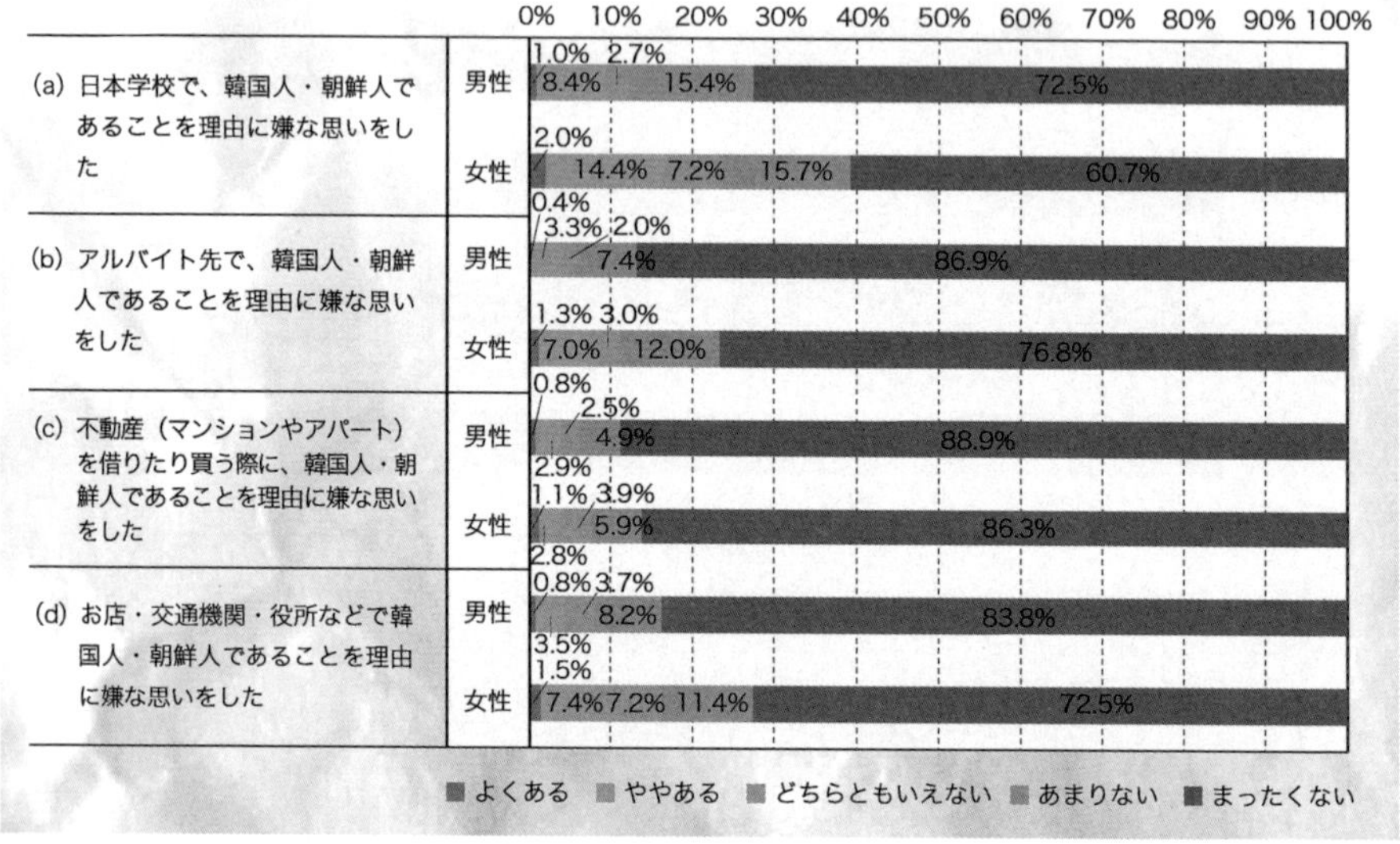
0% 10% 20% 30% 40% 50% 60% 70% 80% 90% 100%
(a) 日本学校で、韓国人・朝鮮人であることを理由に嫌な思いをした
男性 1.0% 2.7% 8.4% 15.4% 72.5%
女性 2.0% 14.4% 7.2% 15.7% 60.7%
(b) アルバイト先で、韓国人・朝鮮人であることを理由に嫌な思いをした
男性 0.4% 3.3% 2.0% 7.4% 86.9%
女性 1.3% 3.0% 7.0% 12.0% 76.8%
(c) 不動産（マンションやアパート）を借りたり買う際に、韓国人・朝鮮人であることを理由に嫌な思いをした
男性 0.8% 2.5% 4.9% 88.9% 2.9%
女性 1.1% 3.9% 5.9% 86.3% 2.8%
(d) お店・交通機関・役所などで韓国人・朝鮮人であることを理由に嫌な思いをした
男性 0.8% 3.7% 8.2% 83.8% 3.5%
女性 1.5% 7.4% 7.2% 11.4% 72.5%
よくある
ややある
どちらともいえない
あまりない
まったくない

図 2-3 性別×言葉による嫌がらせの相手（Q8-2）

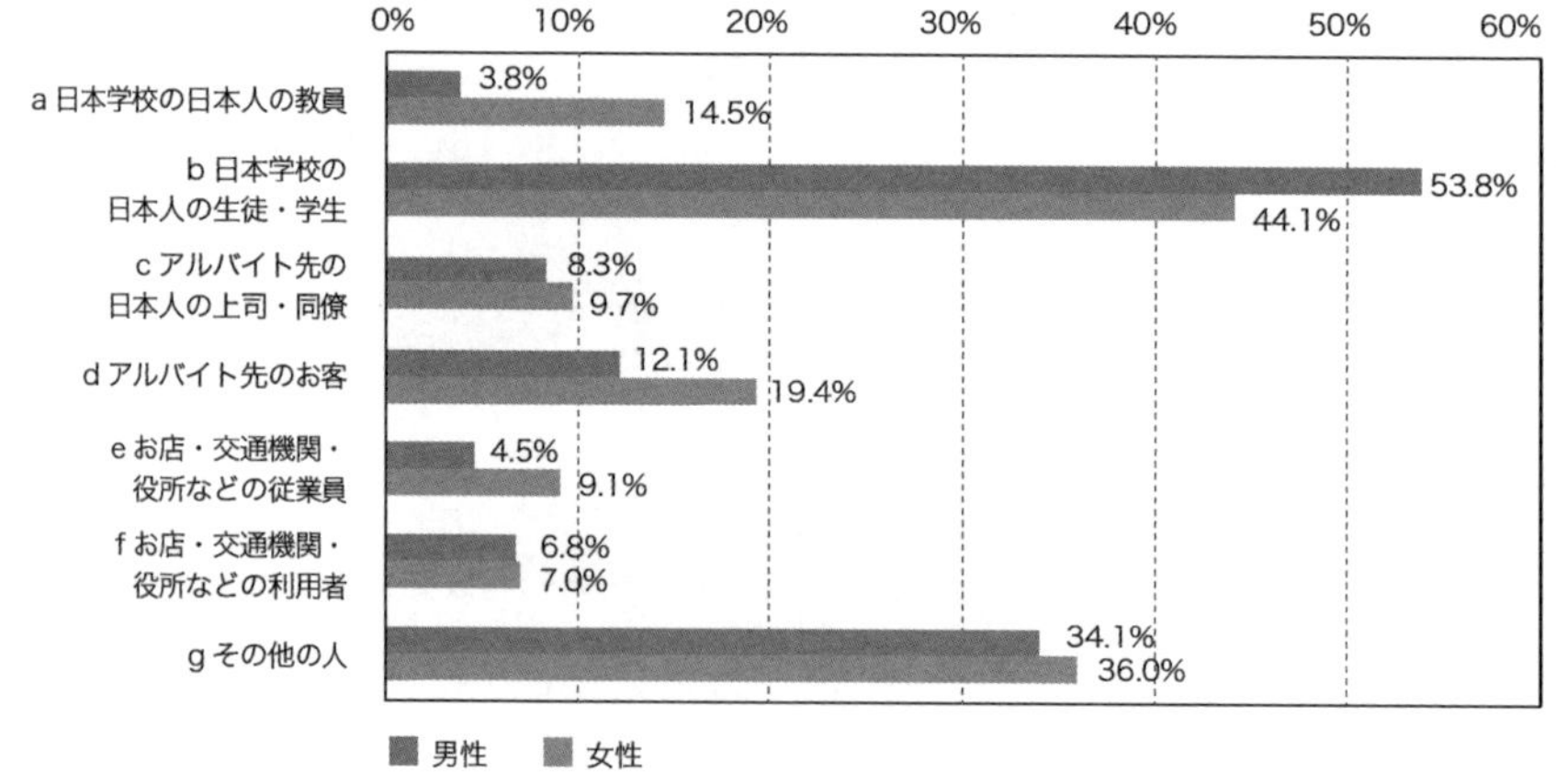
0% 10% 20% 30% 40% 50% 60%
a 日本学校の日本人の教員 3.8% 14.5%
b 日本学校の日本人の生徒・学生 53.8% 44.1%
c アルバイト先の日本人の上司・同僚 8.3% 9.7%
d アルバイト先のお客 12.1% 19.4%
e お店・交通機関・役所などの従業員 4.5% 9.1%
f お店・交通機関・役所などの利用者 6.8% 7.0%
g その他の人 34.1% 36.0%
男性
女性

ます。ただ、それに基づく国内法の整備は一切できていないのです。あえて言うなら、五年前のヘイトスピーチ解消法がそれに当たるかもしれません。だけどここで問題になるのは、条約の第四条ａ項、ｂ項です。（※末尾に抜粋）

つまり、ヘイトスピーチが「法律で処罰すべき犯罪であることを宣言すること」（ａ項）。そして、在特会のような「このような団体又は活動への参加が法律で処罰すべき犯罪であることを認めること」（ｂ項）です。

このａ項ｂ項に関して、日本政府は留保しているのです。僕が忘れられないのは、日本から派遣された官僚、警察か外務省、法務省の人間か、その人物がそこで言ったセリフです。「日本国内に、かかるａ項ｂ項を適用しうる差別的な状況は見当たらない」と言いました。日本社会にそんな民族差別的な状況はない、第四条ａ項ｂ項は適用するつもりはない、ということです。日本政府は過去から同じことを繰り返し、その都度厳しい勧告を受けています。

アンケート結果は、これに対しての強力な反問であります。第一線で差別と闘っていらっしゃる師岡康子先生は、調査結果を証拠として提出するそうです。ぜひ役立てていただきたいと思います。

## *レイシズムがもたらす自己否定

特に我々が気にしたのは、ヘイトに苛まれている子供たちの内面の葛藤でした。あまりにもレイシズムが酷いがゆえに、自分がなぜコリアンとして日本で生まれてしまったのか、なぜ日本人に生まれなかったのかと煩悶する。これは特に高校生に多かったです。我々からすれば、自分たちのいわゆるアイデンティティを、どこまで健全に涵養できるか非常に心配だったわけです。

自己否定の部分が非常に怖い形で出ています。報告書の図7-2を見てください。特に看過できないのは、言葉による嫌がらせを「不快に感じた」「日本で生活することに不安や恐怖を感じた」、そして「韓国人・朝鮮人である自分を嫌だと思った」という項目にデータとして出ているのです。

私事《わたくしごと》の経験を話して申し訳ないですが、一九八四年に民団傘下の青年会会長当時、指紋押捺拒否闘争がありました。改正運動をする中で、当時の青年会の間で、非常に激しい内部論議が起きました。「指紋押捺拒否は順法闘争ではなく法律を犯すこと」「それをやれば、青年会に人が集まらない」そして「こんな悪法でも指紋を採られれば、嫌が応にも韓国人として意識せざるを得ない」という意見です。

その論議の中で、必死で考え出した結論が、「差別を契機にして自分の民族意識に目覚める」

図7-2　教育課程×言葉による嫌がらせの受け止め方（Q8-7）

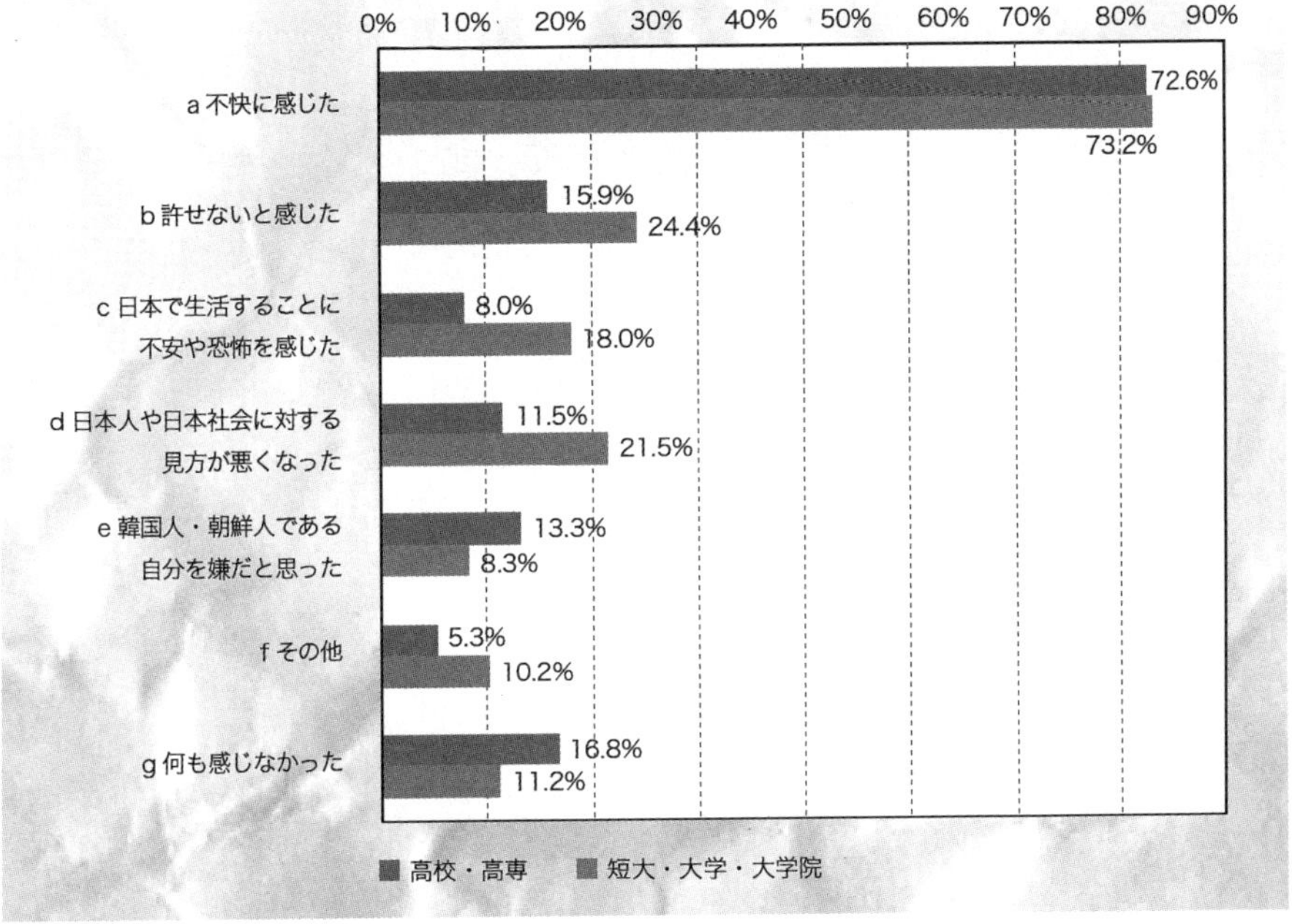


という、こんな悲しい図式はやめましょうということでした。

我々は「納得できないなら拒否しよう」ということを決定したわけですが、やはりネガティブな契機をもって自分が朝鮮人・韓国人であるという意識をもつことの不幸は、どうしても否定しないとダメだということでした。

さてここまで見てくると、ヘイトはより重層的に弱者に対して牙を剥いています。

男性よりは女性です。大学生よりは高校生。いわゆる我々オールドカマーよりは本国から来た新規定住者（ニューカマー）の方に、被害が大きいようです。本国から来た女子留学生が一番ヘイトに苛まれています。これは数字に出ています。

このアンケート調査を主催した側からすれば、民族としての自己否定とヘイトの体験には、どういう相関関係があるのか、さらに見つめていきたいところです。

## ＊『中央日報』日本語版のコメント欄

お手元の資料を見てください。これは冒頭説明しました中央日報日本語版のコメント欄の内容です。非常に不愉快になると思いますが見てみましょう。

「日本人としては朝鮮人が日本国内に跳梁跋扈しているのは極めて不愉快。早く祖国にお帰りください」。これは典型的なヘイトワードの一つです。

そして「日本人の一〇〇％の人たちが韓国の反日活動で民俗差別的な言葉の暴力を受けています」と書かれています。これはヘイトしている側の人間が、自分たちの方こそ被害者であるという、スリ替えの典型です。

さらに「その三〇％のうちどのくらいが自作自演なんだろうね。なにしろ「可哀想な私」を演じることには長けた人たちだからね」です。

そしてこれがある意味素直。「日本に来なければ良いし、即刻半島に帰れ！　それで解決。なにしろ韓国人がいると犯罪・売春が多い」。

次のページです。これもよく出るレトリックで、「アホくさ。見え透いた被害者コスプレじゃねーか…」。「被害者パフォーマンス」の言葉もあるようです。「被害妄想云々」、最後には「ではさようなら」。

「こちらが頼んで来てもらったわけでもないのに？　気は確かか？　こいつら人間か？」。だいたいこの後に、「人もどき」とか、「人間ぞこない」、もしくは「ゴキブリ、ダニ」といった表現がつくのが一時期流行りましたが、ここには載ってないみたいです。ツイッターではもっとひどいですけど…。

「カウンターを当てられているのだから文句言える立場ではないでしょうよ？　嫌なら帰れと言われるのは当然の事だぞ」。

「被害者づらしないでね」「韓国人は不快だから帰れ！」その下に、「ここでも嘘をつく韓国人、面倒くさいから全部帰れ！　二度と来んな！　ボケが！」です。もうこれくらいにしましょうか。最後のページです。「歴史歪曲主義者が、植民地支配というから本当のことを教えただけ。それを民族差別ということ自体おかしい」です。「チョッパリ」「土着倭寇団」など差別用語云々です。あとは下の三行目ですね、特に出ているのが、「自分たちが差別意識の塊だからといって、日本人はそうだと決めつけるなよ」ですね。

さらに、「差別というよりも、韓国政府や韓国民の不当な反日感情への反応という側面が大いにある」という、韓国との外交上の問題を踏まえて攻めるという、これもまたひと昔前に流行《はや》ったスタイルです。

最後ですが「南鮮人は追い出すべき存在である」。南北でなく上下の上と書いて「上鮮人」という表現も流行ったのですけども、これは使ってないみたいですね。「日本にこれ以上そんな混血を生み出してもらっては困る」というのもあります。

このようなものが、実はあと七、八ページあるのですけど、気分が悪いので、これにとどめておきます。

こうした醜悪なヘイトがまだまだ跋扈しているのが現況なのです。こういうバックラッシュは続くでしょう。そして朝鮮奨学会の理事間でも懸念したところですが、アンケートに答えてくれた一〇三〇名の大多数は、間違いなくネットを通じてこれに類したコメント見ているはずだということです。

どういうふうに彼らは思ったでしょうか。本当にもう言葉が出ません。

## *消えぬ戸惑いと、自由回答のことば

こういうヘイトが現実にある中で、我々も声を出していかざるを得ません。しかし声を出せば

叩かれる。それでも他方の当事者である私たちは、やっぱり声を上げなければダメなのです。マジョリティーの側である日本の方々も、この問題どう捉えていくのか、考えていただきたいと思います。

ヘイトの根絶に向けて、さらに我々が検討しうる活動はあるか、非常に悩んでいるところです。特にこういうセカンドレイプに近いようなバックラッシュにはどう対応していくのか。

それから、これは非常に現実的な問題ですが、朝鮮奨学会は、韓国政府からも平壌からも、民団からも総連からも日本政府からも、お金は一銭ももらっていません。あくまでも家賃収入を原資として運営しています。内閣府の認定を受けた公益財団法人で、会計内容には一円も狂いもなく、しっかりと報告をして監査を受けているところです。

これが紐付きだったら、とっくの昔にパンクしているかと思います。ですから朝鮮奨学会が、このようなアンケートを行う中で表に出ることの反動は怖い。家賃収入に悪影響が出ることが怖い。しかし、それでもやらざるを得なかった、ということです。

戸惑いはありましたし、今でもあります。ただ、アンケートの最後で自由回答を書いてもらいました。このアンケート自体の感想をお聞かせ願いますというものです。

一七一名の方から回答が寄せられました。そして「アンケートを奨学会が主催してくれて勇気づけられました」というものが三五、六名あったのです。

もちろん中には、「被害者意識を惹起するようなアンケート調査を私は否定します」というものも、それに類した「私はこういうアンケートは抵抗がある」といった子も一〇数名いました。

でも基本的には「ヘイトとの闘いは大事なことだし、自分は孤立していたけども、奨学会を通じて状況を改善してくれて、自分も発言ができる、立ち上がる、何かできることは非常に勇気づけられます。頑張ってください」ということで、理事全員涙が出るほどの思いでした。

もちろん今後のことはまだ白紙です。こういう調査活動は、一つの基準があって、次にどう変わったのかということの繰り返しです。

コロナの問題で奨学会も非常に厳しい運営を迫られています。奨学金の問題で問い合わせが殺到しています。バイトもできないし、高校生はサマーキャンプ、交流会も文化祭もできません。来年もどうなるかわかりませんが、それでも現実的にヘイトは今でも存在します。ヘイトを根絶する上で、奨学会として同胞学生のために何ができるのか反問しながら、やはり声を上げていくこと、世に問うていく営為は今後も続けなければいけないと思っております。

アンケートの表なりグラフは無味乾燥ですが、この数字の一つ一つに、ヘイトに苛まれ苦しんでいる朝鮮人・韓国人の学生の声があることを汲み取ってやってください。それに基づいて、為すべき事を為すことが大事かなという気がしております。

先ほど見た中央日報のコメント欄や、最近では化粧品大手のＤＨＣ会長の差別発言騒動を見るにつけ、なかなか大変だなとは思いますが、それでもやはり闘わなければダメですね。ヘイト根絶に向けて、マイノリティもマジョリティも、ともに前に進むことができればいいと思っております。その一助として、このアンケート調査が役に立てば幸いです。

〔質疑応答〕

（Q）報告書はすごく興味深いです。その中で気になったのが、報告書の図5—4（次頁）です。要は、デモ・街宣をどこで見聞きしたかということと、名前の使用（民族名か通名＝日本名か）とクロス集計されていますが、どういう関連があるのか不思議に感じました。なぜこのような集計をして、どう解釈されたかお聞かせいただければと思います。

（A）通名使用か民族名使用か、についてですが、民族名を使う子は、自分のアイデンティティは韓半島にあるという意識が強い子たちです。他方で、通名を使う子はやっぱり避けるのですね。

これも研究課題ですが、街頭のデモについてのこういう反応に関して、ある程度民族的な意識が強い方の反応と通名を使って距離を置いている、無関心である方の相関関係というの

図5-4 名前×差別デモ・街宣の見聞き（Q11-1）

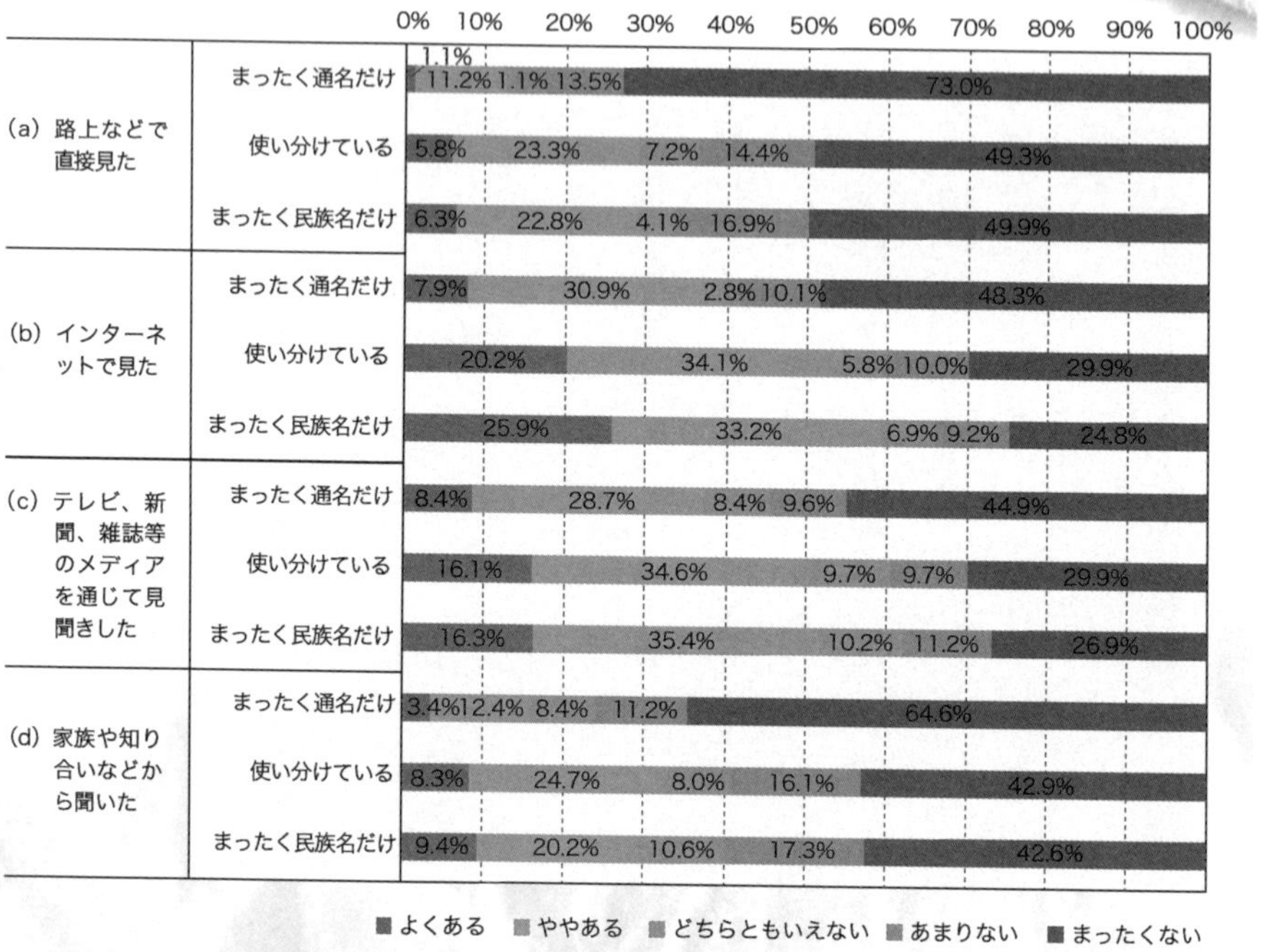


は、実は僕らにもまだわかってないのです。

ただ言えるのは、中学までは朝鮮学校、高校は朝鮮高校行って、その後日本の学校に通っている子、実は多いのです。そういった子はしっかりと民族教育を受けていますし、やはり自分は朝鮮人、韓国人であるという意識を持っているわけです。それに対して、僕自身は逆の典型で、ずっと日本の学校に通い、たまたま学生時代に民団の青年会に携わって入ってきた人間ですが、やはり通名を使うことの理由だとか、ためらいだとか、葛藤がよくわかるんです。

ですから、通名を使って「韓国人で

ある意識もありません」「デモわかりませんでした」という子もいれば、実際にヘイトから身を守るために便宜的に通名を使っている子も実は多いのです。

僕らのように、ずっと日本の学校に通っていて、大学に入って初めてそこで本名（民族名）を使う存在と合わせて、実は通名を使うことにすごい勇気やこだわりも要りますし、ただ使った分だけある意味、民族学校の子供たち以上に強いものもあるんです。

ですから、これは慎重かつ丁寧に言わなければならないのですが、民族学校を出た子は、案外抵抗なく通名に変えることがあります。身を守るためにです。でも中身は朝鮮人・韓国人ですよね。そういった通名使用、本名使用の一つの分布の中で、こういうデモの被害を受けたことに関する反応の複雑さは僕ら今後の研究課題だという、答えになってないことが答えなのです。

（Q）感想でもいいですか。私、三重県の田舎の方の出身なんですけども、祖父は明治生まれの人だったので、やっぱり差別用語を使うのを聞いていました。

小学校の頃はなんでそんなこと言うのかわからなかったけれど、大学生になっていろんな人と触れ合い、ロサンゼルスで韓国からの留学生、パリでは在日の若者と出会っていろいろなことが段々わかるようになったんです。

最近、日本と韓国の関係が悪化して、なんで市民が立ち上がらないのかっていう問題意識を持ちました。それで本を読み始めて、朝鮮半島と日本の繋がりは邪馬台国の昔からあって、日本は非常に多くを学んでいる。技術的、文化的にも朝鮮半島が上で、日本の存在は朝鮮半島の人々のおかげだとも思っています。

やっぱり、日本人は歴史を学ぶ運動を展開されたらどうかなと思います。私自身が、学んで初めて偏った考えがなくなって、むしろ尊敬の念が出ましたから。

ヘイトの根絶に向けてというのは、相互に学習しながら前に進んでいけないかなというふうに思った次第です。

(A)ありがとうございました。

(Q)嫌な思いをした場合の差別的処遇や言葉は、具体的にどういった例があったか教えてください。

(A)わかりました。そこが飛んじゃいましたね。アトランダムに紹介します。

・これは女性、大学院生、韓国生まれ。難波駅でヘイトスピーチやっている人から、「てめえ朝鮮人だろう、出て行け」と言われたことがありました。

・男性、大学生、オールドカマーです。「なぜ何の疑問もなく日本に住んでいるのか。俺はチョンが嫌いだ。韓国はまともじゃない」と、親友だと思っていた人間に言われた。

・女性、大学生、二年生、オールドカマーです。アルバイトの面接の際に、韓国人であることを理由に断られた。

・男性、大学三年生、日本生まれ。コンビニのレジをしていて意思疎通がうまくいかなくなった際に、相手のおじさんが私の名札を見て、「お前韓国人か、日本語わかんのか」と言われました。

・これはちょっとショッキングですね。男性、大学三年生、オールドカマー。彼女の父親に民族学校に通った韓国人は危ないと言われた。

・男性、院生、博士、ニューカマー。某企業の経営者から「うちは韓国人学生要らないよ」とはっきり言われたとあります。

・男性、大学六年生でオールドカマーです。大学の同級生から「早く日本から出て行け」と言われた。スーパーで購入した豚肉に蝿が混入していたため、店に電話した際に名前を告げたら、突然先方の態度が変わり、商品の返品のため店に赴いた際に、「どうせ韓国人だからわざとやったんでしょう」と言われた。他校の同級生たちから、「日本語喋れや」と言われ、僕が何を言っても無視された。

・これはたぶん朝鮮学校出身者です。女性、大学二年生。高校生のときに毎年高校無償化適用のための街頭宣伝をするのですが、そのときに通行人に「朝鮮に帰れ」「朝鮮人を手伝う者なんかおらん」「臭い」といった罵声を浴びせられました。日本の大学に通うようになって、朝鮮人や韓国人を嫌う人がいて、その子が私に、「なんで日本にいるんや。なんで韓国に帰らんの。朝鮮人に近づいたらダメって親に言われている」と言われた。日本人の教員が、「朝鮮が打ち上げたミサイルに注意しろ」などと、日本の学生たちに言って、ミサイルが来たときの対処法などチラシに書き、それを学生に配っていました。

・これもひどいですね。男性、高校一年生。「朝鮮学校ってどうせ障害（者）しか通ってないんでしょう。マジで無理やわ」です。レイシズムは複合的にきます。

・あと一番わかりやすい、ある意味非常にさっぱりした言い方ですね。女性、高校生、三年生、韓国から来た子ですね。「お前の国に帰れ」です。

こういうことがたくさんあります。

（Q）僕は日本で小中学校に通って、大学は韓国に行ったんです。小学校の時から、通名だったけど朝鮮人だということでいじめられました。でも、今は昔よりはひどくはないと思うんですよ。併合の時代があって、下に見られていた韓国人がある程度、対等に見られるようになってきたのが今の時代かなと思っています。Ｋ－ＰＯＰとか出てきて、ある程度対等に見ていて、逆に韓国人と結婚したい女性も出てきたと思う。

現時点では、例えば政権によって変わることもあると思うんです。なので、今後、政権が変わって、また徐々に良くなってくる部分があるのではないかと思っているんです。今はあまりにもひどい状態ですが、だれが大統領になるかで変わってくる部分もあるのではないか。政権が変わることで徐々に良くなっていけばいいかなって思っています。
（A）たしかに日本と韓国との国交上の問題、領土、歴史認識の問題がまちがいなく反映していると思います。ですから、自由回答用紙でも、それから先ほどの中央日報のネトウヨのコメント見ても、慰安婦の問題、徴用工の問題、独島・竹島の問題を絡めて言う方が多い。
本国の政権のあり方がイコールに反映することで特に気の毒な例が、もちろん朝鮮総連の在り方にも問題が多々ありますけど、やはり拉致の問題です。金正日があっさり、「やりましたごめんなさい」ってやった瞬間、世界が変わってしまいました。

あのときから朝鮮総連、特に朝鮮学校に対する締め付けが本当に厳しくなりました。ですから、本国の政権のありようによって、左右されることは間違いないのです。

当たり前ですが、文在寅（ムン・ジェイン）が何を言っても、そのことで日本に住む韓国人が責められるのはおかしいでしょう。これはスケープゴートです。平壌が本当にひどい統治をしていても、朝鮮学校に通っている子供たちには全く関係のないことです。そのことで、朝鮮学校が無償化から排除されたり、ヘイトを受ける理由にはならないと思う。ただ残念なことに、そういった狭間で、政治的な環境、外交的なトラブルの影響を受けざるを得ない。でもそこは当事者として、現実的に日本社会を構成する住民として、声を上げていくことが大事だと感じます。

特に朝鮮学校の問題に関しては、本当に気の毒です。反面、朝鮮総連の方々も自らを正すことも数多いと思う。もちろん民団もしかりです。そこをきっちり内部的に批判して、健全な営為がなされているかどうか、当事者として何ができるのか、どういう声を上げていくのか、どういう努力をすべきか、自分に跳ね返ってくる問題だと思います。また答えになってないかもしれませんね。

司会　ありがとうございました。

（日韓記者・市民セミナー　第二三回　二〇二一年七月一四日）

人種差別撤廃条約　第4条

　締約国は、一の人種の優越性若しくは一の皮膚の色若しくは種族的出身の人の集団の優越性の思想若しくは理論に基づくあらゆる宣伝及び団体又は人種的憎悪及び人種差別（形態のいかんを問わない。）を正当化し若しくは助長することを企てるあらゆる宣伝及び団体を非難し、また、このような差別のあらゆる扇動又は行為を根絶することを目的とする迅速かつ積極的な措置をとることを約束する。このため、締約国は、世界人権宣言に具現された原則及び次条に明示的に定める権利に十分な考慮を払って、特に次のことを行う。

（a）人種的優越又は憎悪に基づく思想のあらゆる流布、人種差別の扇動、いかなる人種若しくは皮膚の色若しくは種族的出身を異にする人の集団に対するものであるかを問わずすべての暴力行為又はその行為の扇動及び人種主義に基づく活動に対する資金援助を含むいかなる援助の提供も、法律で処罰すべき犯罪であることを宣言すること。

（b）人種差別を助長し及び扇動する団体及び組織的宣伝活動その他のすべての宣伝活動を違法であるとして禁止するものとし、このような団体又は活動への参加が法律で処罰すべき犯罪であることを認めること。

（c）国又は地方の公の当局又は機関が人種差別を助長し又は扇動することを認めないこと。

〔著者紹介〕

● 金　聖雄（キム・ソンウン）
1963 年 大阪の鶴橋生まれ。在日 2 世。大学卒業後サラリーマン、料理写真家の助手を経て助監督。1993 年からフリーの演出家としてスタート、PR 映像やテレビ番組など幅広く活動。
2004 年にドキュメンタリー映画『花はんめ』を監督。以降、冤罪 4 部作などドキュメンタリー映画を中心に監督。
現在、プロジェクト『さくらもと』が進行中。

● 師岡　康子（もろおか・やすこ）
東京弁護士会外国人の権利に関する委員会委員、外国人人権法連絡会事務局長、人種差別撤廃NGO ネットワーク共同世話人、国際人権法学会理事。主著に『ヘイトスピーチとは何か』（岩波新書、2013 年）。

● 權　清志（クォン・チョンジ）
1957 年静岡県浜松の生まれ。韓国から来た 1 世の父親と大阪生まれの 2 世の母親を持つ。韓国民団傘下の学生会、青年会、青年商工会の会長を歴任。対民族差別闘争、外国人登録法改正運動、地方参政権獲得運動等に取り組んできた。

近年、民団中央にて企画調整室室長に就き、国連ジュネーブでの人種差別撤廃委員会への要請活動、ヘイトスピーチ解消法成立に尽力してきた。

公益財団法人朝鮮奨学会の評議員を経て 2022 年代表理事に就任、現在に至る。

＊日韓記者・市民セミナー　ブックレット 10 ＊

**ヘイト・差別の無い社会をめざして**
**映像、人権、奨学からの取り組み**

2023 年 1 月 20 日　初版第 1 刷発行

著者：金聖雄、師岡康子、權清志
編集・発行人：裵哲恩（一般社団法人ＫＪプロジェクト代表）
発行所：株式会社 社会評論社
東京都文京区本郷 2-3-10
電話：03-3814-3861　Fax：03-3818-2808
http://www.shahyo.com
装丁・組版：Luna エディット .LLC
印刷・製本：株式会社 プリントパック

## YouTube「KJテレビ」日韓記者・市民セミナー

動画配信　二〇二三年一月一〇日現在（第1回～21回、第29回は韓国語字幕あり）
●印はブックレット収録済

●第1回　二〇一九年八月三日
関東大震災「朝鮮人虐殺否定」論反証　加藤直樹（作家）

●第2回　二〇一九年九月二五日
よく知らない韓国（人）を知ろう　権　鎔大（経営コンサルタント）

●第3回　二〇一九年一〇月一八日
特攻隊員として死んだ朝鮮人の慰霊事業　黒田福美（女優）

●第4回　二〇一九年一〇月二六日
JOCの不可解な動き　谷口源太郎（スポーツジャーナリスト）

●第5回　二〇一九年一一月二四日
北送事業60年の総括　菊池嘉晃（ジャーナリスト）

●第6回　二〇一九年一二月一二日
韓国ヘイトと対処法　香山リカ（精神科医）

●第7回　二〇一九年一二月一七日
在日二世の数奇な半生　尹　信雄（元民団倉敷支部団長）

●第8回　二〇二〇年二月一〇日
安倍政権の内政と外交　小池　晃（日本共産党書記局長）

●第9回　二〇二〇年二月二一日
南北韓と韓日関係の展望　平井久志（ジャーナリスト）

●第10回　二〇二〇年七月一日
虚構の「嫌韓」からの解放　澤田克己（毎日新聞論説委員）

●第11回　二〇二〇年七月一五日
川崎でのヘイトスピーチ攻防
石橋　学（神奈川新聞記者）

●第12回　二〇二〇年八月五日
在米コリアンと日系米人社会
金真須美（作家・大学講師）

●第13回　二〇二〇年八月二六日
多様性の中の在日コリアン
金村詩恩（作家・ブロガー）

●第14回　二〇二〇年九月二日
朝日新聞の慰安婦報道と裁判
北野隆一（朝日新聞編集委員）

●第15回　二〇二〇年九月一六日
平行線をたどる徴用工問題
殷　勇基（弁護士）

●第16回　二〇二〇年一〇月一六日
『評伝 孫基禎』の上梓とその後
寺島善一（明治大学名誉教授）

●第17回　二〇二〇年一〇月三〇日
復刻『関東大震災』の意義
高　二三（新幹社社長）

●第18回　二〇二〇年一一月一八日
キムチが食べられる老人ホーム・故郷の家
尹　基（社会福祉法人「こころの家族」理事長）

●第19回　二〇二〇年一一月三〇日
日本学術会議会員任命拒否問題の背景
纐纈　厚（明治大学特任教授）

●第20回　二〇二〇年一二月八日
差別と偏見の現場取材
安田浩一（ノンフィクションライター）

●第21回　二〇二一年四月二七日
『韓国ドラマ食堂』の話
八田靖史（コリアン・フード・コラムニスト）

●第22回　二〇二一年七月一四日
差別実態調査から見るヘイト
權　清志（朝鮮奨学会代表理事）

●第23回　二〇二一年一一月六日
映画『在日』上映と呉徳洙監督を語る　清水千恵子（映画『在日』スタッフ）
●第24回　二〇二一年一一月一九日
記憶を拓く「信州・半島・世界」　田中陽介（信濃毎日新聞編集局デスク）
●第25回　二〇二一年一二月一三日
外国人は「害国人」ですか―日本の「入管体制」を検証する　田中　宏（一橋大学名誉教授）
●第26回　二〇二二年一月一四日
歴史事実に介入する政府と「作る会」　鈴木敏夫（子どもと教科書全国ネット21事務局長）
○第27回　二〇二二年三月一一日
在日オペラ歌手が願う日韓関係　田　月仙（オペラ歌手）
●第28回　二〇二二年三月二六日
日韓関係の危機をどう乗り越えるか　日韓協約の不存在から考える　戸塚悦朗（弁護士）
○第29回　二〇二二年四月一六日
参議院選に出馬～誰もが大切にされる社会実現へ　金　泰泳（東洋大教授）
○第30回　二〇二二年五月一〇日
時務の研究者「姜徳相」関東大震災時の朝鮮人虐殺研究　山本すみ子（姜徳相聞き書き刊行委員会）
●第31回　二〇二二年六月二七日
絶望から希望を見出す　川崎桜本をめぐる　ふたつの物語　金聖雄（映画監督）
○第32回　二〇二二年七月九日
民族的連帯から見るインターナショナリズム　中野重治の朝鮮認識を手がかりに　廣瀬陽一（研究員）
○第33回　二〇二二年七月一七日
在日コリアン研究40年を振り返る　朴　一（大阪市立大学名誉教授）
●第34回　二〇二二年八月三日
ヘイトスピーチ・ヘイトクライム根絶に向けて　師岡康子（弁護士）

○第35回　二〇二二年八月二七日
指紋押捺拒否からヘイトスピーチ根絶へ　ピアノ&トーク　崔　善愛（ピアニスト、週刊金曜日編集委員）
○第36回　二〇二二年九月一三日
「先生不足」が生んだ学校崩壊の現実　安倍「教育再生」路線がもたらしたもの　竹村雅夫（藤沢市議会議員）
○第37回　二〇二二年九月二二日
民主主義を壊す政治と宗教の癒着　旧統一教会の問題性　有田芳生（前参議院議員）
○第38回　二〇二二年一〇月七日
総連と民団の相克七十七年　竹中明洋（フリーライター）
○第39回　二〇二二年一〇月二三日
川越唐人揃いパレードの18年間の取り組み　朝鮮通信使の精神を現代に継承　江藤善章（実行委代表）
○第40回　二〇二二年一一月四日
浅川伯教・巧兄弟への敬愛と感謝　河　正雄（私塾清里銀河塾塾長）
○第41回　二〇二二年一二月一四日
キムはなぜ裁かれたのか　ＢＣ級戦争裁判　内海愛子（同進会を応援する会代表）

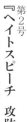

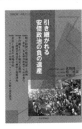

第5号
**『東京2020　五輪・パラリンピックの顛末』**
**——併録　日韓スポーツ・文化交流の意義**
谷口源太郎／寺島善一／澤田克己
二〇二一年九月一〇日発行
A5判　一〇四頁　本体九〇〇円＋税
コロナ感染爆発のさなかに強行された東京五輪・パラリンピック。贈賄疑惑と「アンダーコントロール」の招致活動から閉幕まで、不祥事と差別言動があらわとなった。商業主義と勝利至上主義は「オリンピックの終焉」を物語る。

第6号
**『「在日」三つの体験』**
**——三世のエッジ、在米コリアン、稀有な個人史**
二〇二一年一二月五日発行
金村詩恩／金真須美／尹信雄
A5判　一〇四頁　本体九〇〇円＋税
三人の在日コリアンが実体験に基づき語るオムニバス。日本社会で在日三世が観る風景。在米コリアンと在日三世の出会い。日本人の出自でありながら「在日」として生き、民団支部の再建と地域コミュニティに力を尽くした半生を聴く。

第7号
**『キムチと梅干し—日韓相互理解のための講演録』**
二〇二二年三月一〇日発行
権鎔大／尹基／八田靖史
A5判　一〇四頁　本体九〇〇円＋税
互いにわかっているようで、実はよくわからない——そこを知る一冊。韓国文化と生活習慣の理解が在日高齢者の介護に不可欠だという「故郷の家」。韓国ドラマの料理から文化と歴史を探る。

第8号
**『歴史の証言—前に進むための記録と言葉』**
二〇二二年六月二八日発行
田中陽介／高二三／金昌寛、辛仁夏、裵哲恩、清水千恵子
A5判　九六頁　本体九〇〇円＋税
講演で紹介された信濃毎日新聞の特集は、誠実に歴史に向き合うことの大切さを教えてくれる。姜徳相著『関東大震災』復刻と、呉徳洙監督の映画『在日』は、前に向かって進むためのかけがえのない歴史記録。

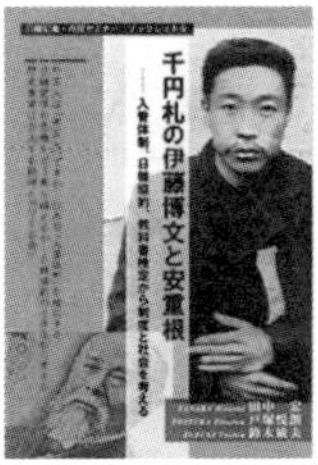


二〇二二年九月二七日発行

第9号

**『千円札の伊藤博文と安重根』**

**――入管体制、日韓協約、教科書検定から制度と社会を考える**

田中宏／戸塚悦朗／鈴木敏夫　Ａ５判　一〇四頁　本体九〇〇円＋税

外国人に対する入国管理と日本社会――、そこに現れる差別と排外主義の歴史をたどると、日本による勧告併合に行き着くという。安重根（アン・ジュングン）による伊藤博文銃撃事件と、今どのように捉えるか…。近現代の歴史を教える学校教育と教科書検定の現在を併せて検証する。

## ブックレット創刊のことば

日韓関係がぎくしゃくしていると喧伝されています。連日のように韓国バッシングする夕刊紙、書店で幅を利かせる「嫌韓」本、ネットにはびこる罵詈雑言。韓流に沸いた頃には考えられなかった現象が日本で続いています。その最たるものが在日を主なターゲットにしたヘイトスピーチです。

一方の韓国。民主化と経済成長を実現する過程で、過剰に意識してきた、言わば目の上のたんこぶの日本を相対化するようになりました。若い世代にすれば、「反日」は過去の遺物だと言っても過言ではありません。支持率回復を企図して政治家が「反日」カードを切るパフォーマンスも早晩神通力を失うでしょう。

ことさらに強調されている日韓の暗の部分ですが、目を転じれば明の部分が見えてきます。両国を相互訪問する人たちは二〇一九年に一〇〇〇万人を超え、第三次韓流は日本の中高生が支えていると知りました。そこには需要と供給があり、「良いものは良い」と素直に受け入れる柔軟さが感じられます。

コリア（K）とジャパン（J）の架け橋役を自負するKJプロジェクトは、ユネスコ憲章の前文にある「相互の風習と生活を知らないことは、人類の歴史を通じて疑惑と不信をおこした共通の原因であり、あまりにもしばしば戦争となった」「戦争は人の心の中で生まれるものであるから、人の心の中に平和のとりでを築かなくてはならない」との精神に立脚し、日韓相互理解のための定期セミナーを開いています。

このブックレットは、趣旨に賛同して下さったセミナー講師の貴重な提言をまとめたものです。食わず嫌いでお互いを遠ざけてきた不毛な関係から脱し、あるがままの日本人、韓国人、在日の個性が生かされる多文化共生社会と、国同士がもめても決して揺るがない市民レベルの日韓友好関係確立を目指します。

二〇二〇年八月

---

一般社団法人 KJ プロジェクトは、会費によって運営されています。日韓セミナーの定期開催、内容の動画配信、ブックレット出版の費用は、これにより賄われます。首都圏以外からも講師の招請を可能にするなど、よりよい活動を多く長く進めるために、ご協力をお願いします。

会員登録のお問い合わせは、

▶ KJ プロジェクトメールアドレス cheoleunbae@gmail.com へ